# श्रीपाल सिंह 'क्षेम' का काव्य

# श्रीपाल सिंह 'क्षेम' का काव्य

डॉ. विनोद कुमार सिंह

वाणी प्रकाशन

**वाणी प्रकाशन**

*4695, 21-ए, दरियागंज, नयी दिल्ली 110 002*

शाखा

*अशोक राजपथ, पटना 800 004*

फ़ोन : +91 11 23273167 फ़ैक्स : +91 11 23275710

www.vaniprakashan.in
vaniprakashan@gmail.com
sales@vaniprakashan.in

SHRIPAL SINGH 'KSHEM' KA KAVYA
*by* Dr. Vinod Kumar Singh

ISBN : 978-93-5072-843-7
Criticism



प्रथम संस्करण

मूल्य : ₹ 395



*सिटी प्रेस, दिल्ली-110 095 में मुद्रित*

*वाणी प्रकाशन का लोगो मक़बूल फ़िदा हुसेन की कूची से*

*पूज्य माताजी-पिताजी के कर कमलों में समर्पित*

# आमुख

श्रीपाल सिंह 'क्षेम' छायावादोत्तर-युग के मानव-मुखी काव्यधारा के श्रेष्ठ कवि हैं। वह प्रेम और सौन्दर्य-बोध के गीतकार हैं। उन्होंने गीत और प्रगीत दोनों ही प्रकार के गीत रचे हैं। मिलन के गीत गाने में 'बच्चन' और 'क्षेम' दोनों ही समर्थ गीतकार हैं। 'क्षेम' पर समीक्षा की पुस्तक का न आ पाना एक ऐसा कारण है जिसमें 'क्षेम' जी की जीवन-शैली परिलक्षित होती है। उनकी रचनाओं की एक पोटली चित्रकूट के कवि-सम्मेलन से लौटते समय गुम हो गयी। उनके गीतों-प्रगीतों की पाण्डुलिपि रखी हुई थी। जौनपुर में बाढ़ के प्रकोप के बाद दीमक ने उसे चट कर दिया। एक और घटना घटी कि जो रचना थी रखी हुई, उसके ऊपर मीठी दवा गिर गयी थी और भीतर से दीमक उसे भी समाप्त कर चुकी थी, जब उसके ऊपर की मिट्टी को झाड़ा गया तो वे सारी रचनाएँ मिट्टी की तरह झड़ गयीं। ये ऐसे कारण रहे जिससे उनके काव्य-विकास को समझने में उनके प्रकाशन पर ध्यान देना उचित नहीं होगा। उसे समझने के लिए वे कब के लिखे गये हैं, इसका ध्यान रखकर समीक्षकीय दायित्व का निर्वहन किया गया है।

'क्षेम' जी मंचीय कवि थे किन्तु उनके गीत 'जभी से जगो रे भाई तभी से सवेरा है' इसका प्रकाशित रूप नहीं दिखाई दिया। जो भी सामग्री उपलब्ध हो सकी है, उसकी पूर्णता को मानकर पुस्तक आकार ले सकी है। 'अन्तर्ज्वाला' में उनके प्रारम्भिक गीत हैं। नीलम-तरी, ज्योति-तरी, संघर्ष-तरी पहले छपी थी किन्तु जीवन-तरी का रचनाकाल 'संघर्ष-तरी' के पहले का है। 'क्षेम' पर समीक्षा-पुस्तक के आने से हिन्दी गीत-संसार को लाभ होगा। प्रगतिवादी आन्दोलन और प्रयोगवादी आन्दोलनों ने हिन्दी गीत विधा को बासी घोषित कर दिया इससे कविवर 'क्षेम' जैसे गीतकारों को लिखना पड़ा कि 'साथी गीत न होते बासी', और 'न छीनो गति ये मेरे'। अपने समीक्षकीय दायित्व के निर्वहन में मैंने रचनाशीलता की पृष्ठभूमि को देखा है जिसमें गीत की भाषा सहज, प्रवाहमय और गीतात्मक होती है तो मैंने भी समीक्षा की भाषा को एकदम सहज और सरल बनाने का भरसक, प्रयत्न किया है। 'क्षेम' के गीत छायावादोत्तर-युग से प्रारम्भ होते हैं और साठोत्तरी-गीत के रूप

में चलते रहते हैं। मैंने अपनी पुस्तक में साठोत्तरी-गीत को भी ध्यान में रखकर उसी प्रकार के मानदण्डों में कसने का प्रयत्न किया है। इस पुस्तक के प्रकाशन में परिवार के सभी सदस्यों के साथ अरविन्द कुमार सिंह 'बेहोश जौनपुरी' और ओम प्रकाश सिंह का भी अमूल्य योगदान है। गीतों-प्रगीतों की पुस्तकों के अतिरिक्त 'कृष्णद्वैपायन' महाकाव्य की कथा को पिरोया गया है। अपनी सम्पूर्णता में किंचित 'श्रीपाल सिंह 'क्षेम' का काव्य' पुस्तक क्षेम जी पर लिखी जाने वाली अच्छी पुस्तक होगी, ऐसा मेरा विश्वास है।

पुस्तक के प्रकाशन के लिए वाणी प्रकाशन के प्रमुख संरक्षक अरुण माहेश्वरी जी का आभारी हूँ कि शीघ्रता से पुस्तक प्रकाशित हो सकी।

**–डॉ. विनोद कुमार सिंह**

# अनुक्रम

# गीतिकाव्य का उद्भव और विकास

मानव-जीवन के विकास में काव्य ही प्रमुख केन्द्र रहा है। मानव सामाजिक प्राणी है। भारतीय साहित्य में गीतिकाव्य की अविच्छिन्न परम्परा रही है। गीत-कविता का सम्बन्ध माटी और माँ के दूध से है। कार्ल मार्क्स ने 'कविता को मनुष्यता की मातृभाषा' के रूप में स्वीकृति दी है। डॉ. जगदीश गुप्त ने गीत को कविता की आदिम ज़मीन कहा है। गहन अनुभूतियों की प्रभावपूर्ण संगीतात्मक अभिव्यक्ति को 'गीति-काव्य' की संज्ञा प्रदान की गयी है। कविता की उत्पत्ति के विषय में पाश्चात्य विद्वानों ने धार्मिक उत्सवों को महत्त्व दिया है। एफ.बी. गूमर ने लिखा है–"धार्मिक उत्सवों पर लोग विभिन्न ध्वनियों एवं अंग-संचालन के द्वारा पूजा किया करते थे। यही प्रथा विकसित होकर 'कला' बन गयी और फिर कुछ समय के बाद 'प्रबन्ध काव्य' का जन्म हुआ जिससे गीतों की उत्पत्ति हुई। इन दोनों से नाटकों का अभ्युदय हुआ और इन तीनों से अन्य वर्ग प्रस्फुटित हुए।" (ए हैण्डबुक आफ पोएटिक्स, पृ. 2) गीत के लिए 'गेयता' अनिवार्य है।

आरम्भ में आदिम काव्य सामूहिक नृत्य गीत के रूप में आया रहा होगा। कबीलाई आदि मानव समाज में त्योहारों और उत्सवों का मुख्य स्वरूप नृत्य-गीत के रूप में ही रहा होगा। इसके पश्चात जब यही भावाभिव्यक्ति शब्द-प्रधान हो गयी तो धीरे-धीरे संगीत से उसका सम्बन्ध क्षीण होता गया। यहाँ यह कहना तर्कसंगत होगा कि मनुष्य की नृत्य गीतात्मक भावाभिव्यक्ति से ही समस्त काव्य-रूपों का उद्भव हुआ।

वैदिक युग का 'स्तुति साहित्य' विकास की दिशा में अग्रसर होकर प्रबन्ध-काव्य, मुक्तक-काव्य और निबन्ध-काव्य के रूप में विभक्त हुआ है। प्राचीन यूनानी विद्वानों ने 'काव्य' के तीन भेद बताये हैं–गीतिकाव्य, महाकाव्य और नाट्यकाव्य। संगीतबद्ध गायी जाने वाली रचना को वे 'गीतिकाव्य' स्वीकार करते थे। इसी को आधार मानकर उन्होंने 'गीतिकाव्य' को दो भागों में विभक्त किया था। प्रथमतः वाद्ययन्त्र के साथ गाये जाने वाले गीत और दूसरा समवेत गीत (कोरस)।

गीतिकाव्य के मूल में लोकगीत ही है। कालान्तर में आदिवासियों एवं जनजातियों

के गीतों और मध्यवर्गीय सभ्य समाज में प्रचलित लोकगीतों को दृष्टि में रखकर ही 'गीतिकाव्य' के प्रारम्भिक स्वरूप की कल्पना की जा सकती है। प्रारम्भिक गीतिकाव्य को तीन भागों में विभक्त किया जा सकता है—संगीत, गीत और गाथा-गीत। संगीत नाद तत्त्व पर आधारित है और इसमें रागबद्धता प्रमुख है। रागबद्धता तथा नाद तत्त्व 'गीत' की विशेषता होती थी। 'गाथा गीत' गेय होता था और उसमें एक कथानक हुआ करता था।

रामायण काल की बात करें तो उस समय भारतीय काव्य लोकजीवन से सम्पृक्त था। आदिकवि वाल्मीकि 'रामायण' को आश्रमवासियों को गाकर सुनाया करते थे और उसे लव-कुश को कण्ठस्थ करा दिया। इसी प्रकार कृष्णद्वैपायन व्यास द्वारा रचित श्रीमद्‌भागवत पुराण को गाकर शुकदेव ने राजा परीक्षित को सुनाया था। संस्कृत काव्य परम्परा गीतों पर आधारित है। जयदेव का 'गीत गोविन्द' अत्यन्त लोकप्रिय है। यहाँ पर स्पष्ट करना चाहूँगा कि हिन्दी के गीत स्वतन्त्र रूप से प्राकृत और अपभ्रंश भाषाओं में रूप ग्रहण कर रहे थे न कि जयदेव जैसे संस्कृत कवियों के प्रभाव से।

हिन्दी साहित्य में आदिकाल अथवा वीरगाथा काल में शान्त, श्रृंगार और वीर रस के पद मिलते हैं। लोकगीतों की विशेषताओं को आत्मसात कर काव्य रचने वाले विद्यापति के गीतों में हिन्दी गीतिकाव्य का वास्तविक रूप प्रकट हुआ है। मध्ययुगीन हिन्दी कविता ने गीतिकाव्य को ऊँचाई प्रदान की है। सन्तों ने जहाँ वैराग्य और चेतावनी भरे पदों की रचना की वहीं कृष्ण भक्ति के श्रृंगार और वात्सल्य से सम्बन्धित गीतों में गीतिकाव्य का उत्कृष्ट रूप मिलता है। प्रेममार्गी शाखा में प्रबन्धात्मकता का प्रभुत्व रहा जिससे पद की रचना में कठिनाई हुई। रामभक्ति शाखा में गीतिकाव्य के क्षेत्र में तुलसी श्रेष्ठ कवि हैं। गीतिकाव्य की दृष्टि से सूर मध्यकालीन काव्य में सर्वश्रेष्ठ हैं। रीतिकाव्य में मुक्तकों की प्रधानता है किन्तु संगीतात्मकता प्रधान गीतिकाव्य की प्रचुरता नहीं है। भारतेन्दु युग के गीतों में समाज सुधार, लोकहित और स्वतन्त्रता के विचार मिलते हैं। गीतिकाव्य की दृष्टि से इस युग के नाटक भी महत्त्वपूर्ण हैं।

द्विवेदी-युग मुख्यतः प्रबन्धात्मकता का युग था। मैथिलीशरण गुप्त, मुकुटधर पाण्डेय, बदरीनारायण भट्ट आदि कवियों ने प्रगीतियों की रचना की। श्रीधर पाठक का 'भारत गीत' राष्ट्रीय भावनाओं से ओतप्रोत कविता है। महावीर प्रसाद द्विवेदी ने कुछ अच्छे गीतों की रचना की है। उन्होंने 'भारतवर्ष' की रचना गीत गोविन्द के प्रभाव में लिखी है और आल्हा के आधार पर 'सरगौ नरक ठेकाना नाहिं' गीत लिखे। गीतिकाव्य की दृष्टि से छायावाद को स्वर्ण-युग कहना सर्वथा उचित है। यहाँ खड़ी बोली गीतिकाव्य का तारुण्य परिलक्षित होता है। छायावादी गीति-लोक का

सौन्दर्य मानव और प्रकृति का संश्लिष्ट सौन्दर्य है। विशिष्ट वर्ग तक सीमित रहने के कारण उत्तर छायावादी युग के नये युवा कवि के समक्ष विद्रोह के अतिरिक्त कोई विकल्प नहीं बचा। इसी बिन्दु को हम गीतान्तर का रूप दे सकते हैं। बच्चन, नरेन्द्र शर्मा, भगवतीचरण वर्मा, अंचल, नेपाली, क्षेम आदि युवा कवियों ने व्यक्तिगत जीवन के यथार्थ, आशा-निराशा, वैयक्तिक वेदना, सौन्दर्यानुभूति तथा प्रेम-भावना को भली प्रकार से बोलचाल की भाषा में व्यक्त करने का अनुपम कार्य किया है। देखते-ही-देखते इनके गीत लोकप्रिय हो गये। प्रगतिवादी काव्य में भी गीत एक नयी विशेषता के साथ आये हैं और प्रयोगवाद में जो गीत हैं उसमें प्रेम अत्यन्त प्रौढ़ रूप में प्रस्तुत हुए। नयी कविता के दौर में भी प्रेम व्यंजना की सहजता और सौन्दर्य का उदात्त स्वरूप मिलता है। साठोत्तरी कविता के अन्तर्गत 'सहज कविता' में रवीन्द्र भ्रमर के गीतों का ही एक सहज, सरल, गेय और भाव-प्रवण मुग्धकारी स्वरूप दिखाई देता है। इसके पश्चात् डॉ. शम्भुनाथ सिंह ने 'नवगीत' के माध्यम से एक आन्दोलन ही खड़ा करने में सार्थक प्रयास किये हैं। मेरी दृष्टि में गीत कभी आन्दोलन नहीं हो सकते किन्तु कोई भी युग बिना गीत के रह नहीं सकता। पुस्तक में साठोत्तरी गीत में बदलाव का स्वरूप दिखाया जा रहा है। इसके पूर्व छायावादोत्तर गीतकारों में प्रमुख श्रीपाल सिंह क्षेम के गीतों पर चर्चा की गयी है।

# श्रीपाल सिंह 'क्षेम' का काव्य

श्रीपाल सिंह क्षेम छायावादोत्तर-युग के प्रमुख गीतकार हैं। वह छायावादोत्तर मानवमुखी गीत-धारा के एक ऐसे समर्थ रचनाकार हैं जिन्हें इस धारा की सामान्यता से सहज ही अलग पहचाना जा सकता है। वैसे तो छायावादोत्तर युग में मानव-मुखी गीतकारों की एक धारा ही तरंगित दिखालाई पड़ती है, पर भाव-भूमि और गीत-शिल्प की दृष्टि से उनकी अपनी एक विशिष्ट छवि है, जो अन्य सहयात्री गीतकारों से उनको एक अलग पहचान प्रदान करती है। क्षेम जी सौन्दर्य-चेता मानववादिता के एक ऐसे गीतकार हैं, जिनके गीतों में मानव की भाँति ही प्रकृति-सौन्दर्य के प्रति भी एक समानान्तर एवं जागरूक दृष्टि परिलक्षित होती है। प्रकृति-दर्शन और रहस्यात्मकता से विलग उनका अपना एक अलग गीत-शिल्प है।

क्षेम जी तीव्र संवदेनों की अपेक्षा भाव-प्रगाढ़ता के गीतकार हैं। उनके गीत तब तक प्रवहमान होते जाते हैं, जब तक उनकी भावभूमि एक विशिष्ट शिखर तक समृद्ध और अभिव्यक्ति नहीं हो उठती। वह मूलतः लोकतान्त्रिक मानवीयता के उदात्त गीतकार हैं। वह अपने गीत-धर्म में न तो परम्परा के विद्वेषी हैं और न नवीनता के अनुगामी, उनमें परम्परा-विकास और नूतनता का एक सन्तुलित मणि-कांचन संयोग है। उनके गीतकार के लिए परम्परा एक विकसनशील प्रवहमानता है और नवीनता इस प्रवहमानता का एक सुसंगत और सम्बद्ध विकास। उनकी अपनी अस्मिता है। वह एक परिष्कृत सौन्दर्य-रुचि के मानववादी गीतकार हैं। उनके गीतों में आये प्रकृतिगत उपादानों और मानवीय सौन्दर्यशीलता में इस परिष्कृति के सर्वत्र दर्शन होते हैं।

क्षेम जी मूलतः प्रकृति नहीं, मानव-जीवन-दर्शन के कवि हैं। उनमें प्रकृति के मानवीकरण की अपेक्षा, मानव के ही प्रकृतीकरण की प्रवृत्ति का प्राधान्य है। प्रकृति की अपेक्षा मानव ही उनकी गीत-धर्मिता का प्रमुखतम केन्द्र है। उनके गीत मानव-केन्द्रित हैं, अतः उसमें मानव के वे सम्बन्ध स्वरूप भी प्राप्त होते हैं जो मानव को उसकी व्यक्ति इकाई के साथ-साथ बृहत्तर समाज की भूमिकाओं से भी जोड़ते हैं। व्यक्ति मंगल के साथ मानव मंगल एवं समाज मंगल की दृष्टियाँ भी उनके गीतों में अनुस्यूत हुई हैं। उनके गीत सौन्दर्य के साथ-साथ शील के भी अनुषंगी होते

हैं। वह एक लोकतान्त्रिक आस्था के कवि हैं, अतएव उनके गीतों में लोकतान्त्रिक जीवन-मूल्य भी महत्त्वपूर्ण हैं। अतः स्पष्ट करना है कि क्षेम के गीतों में कथ्य और शिल्प की समरस पूर्णता के दर्शन होते हैं। उनके लिए गीत, अनुभूति की प्रगाढ़ता के साथ, अभिव्यक्ति की परिपुष्टता में ही अपना जन्म ग्रहण करते हैं।

श्रीपाल सिंह 'क्षेम' छायावाद युग से लेकर वर्तमान तक के गीतों की लम्बी यात्रा में एक मार्गदर्शक स्तम्भ की भाँति प्रतिष्ठित हैं। साहित्य जगत्, में क्षेम जी का पदार्पण उस समय हुआ है, जब छायावाद की परिसमाप्ति हो रही थी और प्रगतिवाद और प्रयोगवाद आदि नयी प्रवृत्तियाँ उभर रही थीं। उनके प्रकाशित काव्य-संग्रहों में 'अन्तर्ज्वाला', 'नीलम-तरी', 'ज्योति-तरी', 'जीवन-तरी', 'संघर्ष-तरी', 'रूप तुम्हारा प्रीति हमारी', 'राख और पाटल', 'रूप गन्धा : गीत-गंगा', 'मुक्त कुन्तला', 'मुक्ति गीतिका', 'गीत जन के' और 'कृष्ण-द्वैपायन' महाकाव्य है। वह छायावाद के समर्थ समीक्षक भी रहे हैं। उनका शोध-प्रबन्ध और दो आलोचना ग्रन्थ ('छायावाद की काव्य-साधना', 'छायावाद के गौरव चिह्न') छायावाद से ही सम्बन्धित हैं। उनकी गीत-शैली में छायावाद का बहुत प्रभाव है। नयी गीत-शैली में भी उनकी रचनाएँ हुई हैं, फिर भी गीतकार ने दोनों से हटकर अपनी एक अलग पहचान बनाई है।

'क्षेम' के जीवन में प्रेम और वेदना का गहन प्रभाव रहा है। 'जीवन-तरी' के गीतों का सौन्दर्य-बोध, प्रेम की प्रगाढ़ता और आकर्षक भाषा उन्हें छायावादोत्तर कालीन गीतकारों में प्रतिष्ठित करती है। क्षेम के काव्य में प्रेम जीवन की वह प्राणधारा है जिसके माध्यम से ही जीवन के सत्य का अनुभव हो सकता है। छायावादोत्तर युग के अधिकतर गीतकारों का विषय प्रेम और सौन्दर्य ही रहा है। ऐसे गीतकारों का विचार था कि जीवन अस्थिर और क्षण भंगुर है और रूप का सौन्दर्य ही सत्य है। इस मान्यता से हटकर क्षेम के गीतों ने अपनी अलग पहचान बनाई है। इनके अनुभव में सुख और दुःख दोनों ही दो-चार पल के लिए आते हैं। संयोग-वियोग, सुख और दुःख में समान अनुभूति प्राप्त करनेवाला गीतकार प्रेम को आस्था और विश्वास का मुख्य आधार मानता है। प्रेम को सर्वव्यापी समझने वाला कलाकार आकाश के समान विस्तृत जीवन के प्रेम के द्वारा नयी चेतना का उन्मेष देखता है। यहीं पर हमें क्षेम जी और अन्य गीतकारों में अन्तर दृष्टिगत होता है।

छायावादी काव्य में प्रकृति प्रमुख रही है। इसमें प्रकृति-चित्रण पर मानवीय भावरंजना की प्रकृति स्पष्ट दिखाई देती है। छायावादी गीत छाया के छोर पर ही क्षेम जी की मानवमुखी गीतधारा अपने स्वरूप पर निर्माण करती है। सन् 1940 के आस-पास से ही उनकी गीतात्मक रचनाएँ प्रारम्भ होती हैं जो उनकी 'अन्तर्ज्वाला' नामक कृति में सुलभ है।

'अन्तर्ज्वाला' उनकी आरम्भिक रचनाओं का संग्रह है। इन रचनाओं के

अवलोकन और अध्ययन से क्षेम के गीतकार की प्रतिभा उभरती है। 'क्षेम' के काव्य की विशेषताओं में गीत के विकासक्रम में बदलाव परिलक्षित होता है। प्रारम्भिक गीतों में छायावाद का गहन प्रभाव दिखाई देता है। इसके बाद चूँकि क्षेम जी एक बौद्धिक सम्पदा के धनी व्यक्ति रहे इसलिए काव्य जगत् में चलने-बदलने वाले प्रभाव के बीच उसकी समझदारी को भी उन्होंने ध्यान में रखा है। बाद की कविताओं में समाज के बीच व्यक्ति का आकलन यथार्थ की भूमि पर हुआ है। इसके पश्चात साठोत्तरी कविता के दौर में वह भी खुरदुरे यथार्थ और सौन्दर्य बोध को रूपायित किये है। समाज को निर्देशित भी किया कि 'अभी से जगो रे भाई तभी से सवेरा है।' जीवन में दुःख और सुख दोनों ही आये और वे 'राख और पाटल' का सहारा बने जिसकी अनुगूँज मानवीय संवेदना को उभारती है। उन्होंने जनगीत भी लिखे। बाद में महाकाव्य की घिसी-पिटी विशेषताओं से हटकर उनका वैचारिक आन्दोलन से सम्पृक्त 'कृष्ण-द्वैपायन' महाकाव्य हिन्दी काव्य जगत् को बहुत बड़ी पूँजी प्रदान करने में समर्थ रहा है। उनके काव्य की प्रमुख विशेषताएँ इस प्रकार हैं–

(1) **छायावादी गीतधारा से अलग एक मानवमुखी जीवन-बोध**–सोहनलाल द्विवेदी की दृष्टि में 'क्षेम' जी हिन्दी के विदग्ध विद्वान तो हैं ही अद्वितीय कृतिकार भी हैं। पं. श्याम नारायण पाण्डेय उन्हें गीत-विधा में अलग कूल मानते हैं। मानवीयता और मानव भाव-बोध की प्रमुखता के साथ ही 'क्षेम' की गीतधारा अपनी विशिष्ट दिशा तय करती है। छायावादी गीत-धारा से विलगाव के कारण ही उनकी गणना छायावादोत्तर गीतकारों में की जाती है। प्रसाद, निराला, महादेवी और डॉ. रामकुमार वर्मा आदि के गीतों में विषय रूप में प्रकृति-सौन्दर्य की अधिकता तथा एक रहस्यमयी परमसत्ता के प्रति समर्पणपूर्ण प्रेम भाव एक सामान्य विशेषता के रूप में परिलक्षित होती है। बच्चन और नरेन्द्र शर्मा के गीतों में भी छायावाद से हटकर मानवमुखी प्रतिबद्धता स्पष्टतः देखी जा सकती है।

क्षेम के गीतों में प्रकृति न तो एक स्वतन्त्र सत्ता के रूप में प्रस्तुत की गयी है और न इसमें किसी रहस्य सत्ता की अनुभूति ही प्रदर्शित हुई है। प्रकृति के जो बिम्ब 'क्षेम' के गीतों में आये हैं वे शुद्ध मानवीय जीवन-बोध से अनुरंजित होकर ही आये हैं। उनके गीतों का जीवन-बोध किसी मानवेतर सत्ता से सम्बद्ध न होकर मानव के मूल्यगत अस्तित्व-बोध से सीधे साक्षात्कार करते हैं। मानव और मानवता का स्वरूप छायावादी कविता में भी है, किन्तु समस्त सृष्टि की चेतना के मूल में मानव सत्ता को अधिकतम महत्त्व देने की प्रवृत्ति 'क्षेम' के गीतों की अपनी विशेषता बन गयी है। यह कहना सर्वथा उचित होगा कि इनमें प्रकृति और रहस्य सत्ता से एक पथान्तर महत्त्वपूर्ण रूप में सामने आया है। उनका प्रेम-बोध और सौन्दर्य-बोध इसी मानवीय चेतना के धरातल पर खड़ा हुआ है। वह शुद्ध रूप से मानवीय है।

मानवमुखी गीतधारा में गीतकार नीरज, वीरेन्द्र मिश्र और भारत भूषण भी अपनी गीतिमा का विकास करते हैं। इन गीतकारों की तुलना में क्षेम पूर्ववर्ती होने के साथ ही अपनी अलग विशिष्ट छवि स्थापित करते हैं। शुद्ध मानवीय जीवन को प्रतिपादित करने वाली निम्नलिखित पंक्तियाँ उदाहरण स्वरूप देखी जा सकती हैं–

मैं व्यथाओं में पला हूँ, वेदना संसार मेरा।
एक तरु की शुष्क शाखा पर, विसुध मुस्कान फूटी,
वह मुकुल मैं, आदि से जिस पर अटल तम-राशि फूटी,
सान्ध्य किरणों ने किया है अश्रु से शृंगार मेरा।
तिमिर-अंचल के तले मैंने प्रथम है आँख खोली;
कसक को उर में दबाकर की सतत जीवन-ठिठोली।

स्पष्ट है कि इस पीड़ा में न तो कोई आध्यात्मिकता है और न ही किसी रहस्यवादी वेदना की अभिव्यक्ति की गयी है। आरम्भिक अभावों और संकटों में पली एक मानवीय इकाई के ये शुद्ध आत्मीय और मानवीय उद्गार हैं।

(2) **प्रेम और सौन्दर्यानुभूति की प्रवणता**–प्रेम और सौन्दर्य के तानों-बानों से क्षेम के गीतों का मुख्य स्वर बुना हुआ है। प्रेम, शृंगार और रूपबोध उनके गीतों की पहचान है। वह बच्चन के शृंगार के दूसरे महत्त्वपूर्ण गीतकार हैं। उनके सौन्दर्यमूलक गीतों को देखकर ऐसा कहना उचित प्रतीत होता है। इनकी सौन्दर्यानुभूति का एक उदाहरण द्रष्टव्य है–

तुम कस्तूरी केश न खोलो, सारी रात महक जाएगी!
तम से यों मत ढको जुन्हाई, तारों की यह पाँत न मेटो
उठा किरण की अँगुलियों को, मत यों सारी रात समेटो!!
× × × ×
चितवन के ये फूल न छींटो, फिर चाँदनी डहक जाएगी!

मानवीय प्रेम और सौन्दर्य-बोध के धरातल पर क्षेम के गीतों को अत्यधिक लोकप्रियता प्राप्त हुई है। कवि का यह प्रेम-बोध दैविक, आध्यात्मिक या रहस्यात्मक न होकर मानवीय है। उनका ये प्रेम-बोध उनके 'राख और पाटल' गीत संग्रह में अत्यधिक मार्मिक और संवेदनापूर्ण ढंग से घनीभूत हुआ है। इनके गीत संग्रहों की अधिकांश कविताएँ गहरी प्रेमानुभूति और मानवीय सौन्दर्य चेतना से सम्बद्ध हैं। कुछ आलोचकों ने इसीलिए उन्हें प्रेम-सौन्दर्य और शृंगारात्मक कवि के रूप में रेखांकित किया है। यही विकसित होते हुए अन्य तेवर की कविताएँ बाद में लिखी गयी हैं। डॉ. उमाशंकर तिवारी ने क्षेम को छायावादोत्तर काव्य प्रवृत्तियों की अपेक्षा 'उत्तर छायावाद' से सम्बद्ध माना है–"उत्तर छायावाद के नये और युवा कवियों के सामने विद्रोह के सिवा और कोई विकल्प बचा ही नहीं। एक प्रकार से यही वह बिन्दु है

जहाँ से गीतान्तर शुरू हुआ। बच्चन, नरेन्द्र शर्मा, भगवतीचरण वर्मा, अंचल, नेपाली, क्षेम आदि युवा कवियों ने व्यक्तिगत जीवन के यथार्थ, आशा-निराशा, वैयक्तिक वेदना, स्थूल सौन्दर्यानुभूति तथा प्रेम भावना को बोलचाल की भाषा में व्यक्त करना प्रारम्भ किया।" (गीतान्तर, पृ. 10)

उपर्युक्त कथन में दो बातें स्पष्ट हैं—एक तो यह कि क्षेम आदि छायावादोत्तर युग के गीतकारों की अनुभूतियाँ मानो व्यक्ति की अनुभूतियाँ रही हैं। दूसरे बोलचाल की भाषा की ओर छायावादोत्तर गीतकार लौटे अर्थात् छायावादी गीतधारा के विरुद्ध छायावादोत्तर मानवमुखी गीतधारा अपनी एक अलग भाषिक संरचना भी प्रस्तुत करती है। 'क्षेम' के गीतों में शृंगारिकता की भावना प्रमुख रही है। छायावादोत्तर गीतकार छायावादी कटाक्ष से अलग होकर सीधे मानवीय जीवन-बोध के यथार्थ, आशा, निराशा, वैयक्तिक वेदना और जीवन परक सौन्दर्यानुभूति तथा प्रेम भावना से जुड़े। 'क्षेम' का यह प्रेम-बोध मानवीय है। मानवीय जीवन-मूल्य और जीवन विधान की इनके गीतों का प्रमुख लक्ष्य और विषय रहा है। मानवीय प्रेम और सौन्दर्य-बोध के धरातल पर इनके गीतों को अत्यधिक लोकप्रियता प्राप्त हुई है। ये प्रेम-बोध उनके 'राख और पाटल' गीत संग्रह में अत्यधिक मार्मिक और संवेदनापूर्ण रूप से घनीभूत हुआ है।

(3) **लोकतान्त्रिक जीवन-बोध**—छायावादी काव्यधारा के भीतर भी लोकतान्त्रिक चेतना के अनेक बिन्दु आविर्भूत हो चुके थे किन्तु प्रकृति और रहस्यात्मक आदर्शवाद के कारण यह रूप बदलियों में चन्द्रमा की तरह आच्छादित ही प्रतीत होता है। 'क्षेम' विशुद्ध रूप से उस लोकतान्त्रिक चेतना के कवि हैं, जिसमें व्यक्ति की इकाई के निजी गौरव के साथ मानवीयता, समता और बन्धुता की भावनाओं को प्रमुख रूप से स्थान मिला है।

मध्ययुग में नर-नारी सम्बन्ध या तो अनेक वर्जनाओं से भर उठे थे या उसमें दैहिक रसिकता ही प्रमुख हो उठी थी। रीतिकाल के बाद आधुनिक युग में तो नारी सत्ता के प्रति आकर्षण ही एक निषिद्ध बिन्दु के रूप में जाने-अनजाने लोक में मान्य हो चुकी थी। लोकतान्त्रिक चेतना के नये परिसर में नारी को नया मूल्यांकन मिला, छायावाद में उसे एक विलक्षण अथवा दैवी शक्ति के रूप में उभारा किन्तु क्षेम जैसे छायावादोत्तर हिन्दी गीतकारों ने नारी सत्ता के मानवीय अस्तित्त्व को भी मुक्त रूप से स्वीकार किया। वह नर-जीवन में एक चिरसंगिनी और सर्जक शक्ति के रूप में स्वीकृत हुई।

'क्षेम' के अनेक गीतों में नारी सौन्दर्य का जो सुकोमल, मधुर और प्रभावी रूप प्रस्तुत हुआ है, वह उनके सहयात्री गीतकार में बहुत विरल है। 'क्षेम' ने अपने सौन्दर्य-बोधी गीतों में नारी सम्बन्ध को एक मानवीय पवित्रता और गरिमा प्रदान

की है। यह शरीर से शरीर का ही नहीं वरन् मन का मन से और आत्मा का आत्मा से मिलन भी है। इस दृष्टि से क्षेम के सौन्दर्यपरक और प्रेमबोधीय गीत अपने में अत्यन्त संश्लिष्ट और पूर्ण प्रतीत होते हैं। इनकी सौन्दर्य दृष्टि में शरीर को भी स्थान है किन्तु उसके साथ ही शरीर पर समाप्त नहीं होता, वरन वह मन की गहराइयों, आत्मा की उदात्त ऊँचाइयों तक संचरण करता हुआ दिखाई पड़ता है। अधिकांश गीतों को पारिवारिक सम्बन्ध गीत के रूप में पहचाना जा सकता है। क्षेम की इसी विशेषता को लक्षित करते हुए 'आलोचना' पत्र के एक लेख में विजयदेवनारायण साही ने उनके गीतों को स्वच्छ पारिवारिक प्रेम-गीतों की श्रेणी में सराहा था। ये गीत सड़क और गली-कूचे की अनुभूतियों से सम्बद्ध न होकर शुद्ध दाम्पत्य जीवन और जीवन-बोध को समर्पित गीत हैं। इसी प्रकार लोकतान्त्रिक जीवन प्रवृत्तियाँ एवं अन्य जीवन प्रवृत्तियों को भी इनके गीतों में प्रमुखता से स्थान मिला है। लोकतान्त्रिक जीवन आस्था और पारस्परिक सहानुभूति को निम्नलिखित पंक्तियों में स्पष्ट रूप से देखा जा सकता है—

"अपना संकल्प टँका, काल के कगार पर।
एक दिया अँजुली में, एक दिया धार पर।।
धुन्ध-धुन्ध तड़पाये—
प्यासा पन्थी, आये।
एक कलश आँगन में, एक कलश द्वार पर।
एक दिया अँजुली में, एक दिया धार पर।।
फूल लगे हर सपना,
हर अनुभव-फल अपना।
एक सपन थाले में, एक सपन द्वार पर।
एक दिया अँजुली में, एक दिया धार पर।।
जो भी पाएँ, गाएँ,
जन-मन में लहराएँ।
एक गीत आँसू पर, एक गीत प्यार पर।
एक दिया अँजुली पर, एक दिया धार पर।।
खारा जल सिन्धु पिए,
इन्द्रधनुष संग लिए—
एक मेघ पलकों में, एक हो मल्हार पर।
एक दिया अँजुली में, एक दिया धार पर।।
पाँव जहाँ अंकित हो,
एक चित्र टंकित हो,

एक चरण पाटल पर, एक हो पठार पर।
एक दिया अँजुली में, एक दिया धार पर।।''

(एक पत्र पुरवा के नाम)

दो दियों में से एक दिया तो गीतकार के अपने व्यक्ति जीवन के लिए है और दूसरा धार को समर्पित दिया समाज के लिए है। एक कलश उसकी आत्मतृप्ति की आकांक्षा है और दूसरा द्वारस्थ कलश समाज के अन्य मानवों के लिए सँजोया गया है। गीतकार अपनी सुख-सुविधा के साथ दूसरों की सुख-सुविधा के लिए भी समान रूप से सजग है। चाहे नारी सम्बन्ध हो या शेष समाज के साथ समानतापूर्ण सहानुभूति और दूसरों को समान सम्मान देने की वृत्ति हो, इनका सीधा सम्बन्ध उसी लोकतान्त्रिक जीवन आस्था से है, जिसके आधार पर 'क्षेम' ने छायावादी लोक से अलग होकर अपनी मानवीय काव्य की सर्जना की है।

(4) **गीत के प्रति दृढ़ आस्था**–छायावादोत्तर काव्य विकास के क्रम में जब 'प्रगतिवाद', 'प्रयोगवाद' और 'नयी कविता' में गीतों को गतकालिक (Out of date) उद्‌घोषित किया गया तो क्षेम के गीतकार को बड़ी पीड़ा हुई और उन्होंने स्वयं गीत विधा के ऊपर भी गीत लिखे। वह गीत ही नहीं लिखे प्रत्युत वे गीत विधा के साथ गहरी निष्ठा से जुड़े दिखाई पड़ते हैं। उन्हें विश्वास है कि गीत कभी नहीं मर सकते, क्योंकि उनका सम्बन्ध मानव की अन्तरात्मा से होता है और वे एक के द्वारा लिखे जाकर शेष समाज के बन जाते हैं। वे गीतों में मानव हृदय के साथ मानवीय परिवेश में आने वाले प्राकृतिक पर्यावरण को भी गीतों का प्रेरणा स्रोत मानते हैं। उनकी गीतास्था को निम्न पंक्तियों में अनुभव किया जा सकता है–

"हमारे ही अकेले के नहीं ये गीत, सबके स्वर!
बहारों से भरा आँगन चमन का ही नहीं होता,
सुमन का हास मधुमासी सुमन का ही नहीं होता;
सपन हैं बाँटते सबको निदारे सरगमों के घन,
फुहारों से भरा सावन गगन का ही नहीं होता!!

× × × ×

न उर में भावना होगी, न मन में चाहना होगी,
न होंगे गीत तो कैसे सुहागिन साधना होगी?
न होठों से उठेगा भाव की रस-भीजती पूजा–
न तब आराध्य ही होगा, न फिर आराधना होगी!!"

काव्यान्दोलनों के कारण कवि को अनुभव होता है कि लगता है गीत छीने जा रहे हैं। इसी छटपटाहट के साथ कवि का उद्‌गार द्रष्टव्य है–

"न छीनो गीत ये मुझसे, न छीनो गीत ये मेरे!

× × ×

धरा अलसित गगन रसमस, जभी बदली उठी होगी,
तभी धानी प्रकृति के कण्ठ से कजली उठी होगी!
बहा होगा कुँवारे होठ से खलिहान का बिरहा,
लिए जब चाँदनी को चाँद की बहली चली होगी!!
हिया का दोल है इनमें, न छीनो गीत ये मेरे!

× × ×

'किंगरियों' में कबीरा की भला कब पीर सोवेगी?
न मीरा फिर कभी क्या दर्द के मोती पिरोवेगी?
कभी भी फिर 'हीर' हिचकेगी, कभी 'राँझा' पुकारेगा–
हलरती पुरइनों पर फिर बहिन की आँख रोवेगी,
व्यथा के घोल हैं इनमें, न छीनों गीत ये मेरे!"

(नीलम ज्योति एलं संघर्ष)

यह सत्य है कि मनुष्य जब तक मनुष्य रहेगा, वह गाना, रोना और हँसना नहीं छोड़ सकता क्योंकि ये तीनों उसकी प्रकृति में हैं। क्षेम के अनुसार गीत-विधा मानव हृदय को हृदय से जोड़ने का अत्यन्त सूक्ष्म और परिष्कृत माध्यम होता है। उनकी ही पंक्तियाँ हैं–

"बुझे दिल, नम चितवनों से मिलेंगे गीत ये मेरे,
कि धरती के पसीनों पर खिलेंगे गीत ये मेरे,
बिछेंगे चैत की 'महुआर' के चैता-स्वरों में चू–
फटे उर, भग्न सपनों को सिलेंगे गीत ये मेरे!
उजाले फूल बरसाते जलेंगे ये दिये घर-घर!"

(5) **गीतों में उदात्तता**–'क्षेम' संकीर्ण और सीमित यथार्थ की अपेक्षा उदात्त जीवन-वृत्तियों के समर्पित गीतकार हैं। यह औदात्य उनके प्रत्येक गीत में अनुभव किया जा सकता है। इसे उनका आदर्श भी माना जा सकता है किन्तु वह उनकी मानवीय अनुभूतियों की निजी विशेषता और आन्तरिक निष्ठा है। इस दृष्टि से उनका 'एक पल ही जियो' गीत न केवल हिन्दी काव्य मंचों पर गौरवान्वित हुआ है बल्कि अनेक सम्पादकों और संस्थाओं द्वारा भी प्रशंसित और लोकप्रिय हुआ है–

"एक पल ही जियो, फूल बनकर जियो,
शूल बनकर ठहरना नहीं जिन्दगी।।

× × ×

चेतना के किसी भी क्षितिज से उठो,
याचना के नयन-कोर परसा करो।
जिस लहर पर उड़ो, जिस डगर पर बढ़ो

भावना की सुधा-बूँद बरसा करो।
एक पल ही जियो, तुम जलद बन जियो
बज्र बनकर घहरना नहीं जिन्दगी।।
वेदना की लहर में डुबाये न जो,
धार में डूबने को किनारा बने;
शोक जब श्लोक की पूनमी छाँव में–
पन्थ हारे हुए को सहारा बने।
एक पल ही जियो गीत बनकर जियो,
अश्रु बनकर बिखरना नहीं जिन्दगी।''

(6) **सामाजिक बोध**–क्षेम अपने व्यक्तिगत जीवन में राजनेताओं और समाज के लोगों के बीच समय व्यतीत करते थे। समाज से जुड़ाव में वह कभी प्रसन्न रहते तो कभी अपनी सरलता पर छींटाकशी करनेवालों पर क्षणिक क्रोध भी कर देते थे, पर उनसे नाराजगी नहीं रखते थे। उनके जीवन में भी लोकतान्त्रिक आस्था कूट-कूटकर भरी हुई थी। वह अलग-थलग समाज से कटे मानव में एक गहरी जुड़ाव की संवेदना उत्पन्न करते हैं। यह एक ऐसे जीवन का सन्देश है जहाँ व्यक्ति के अलग-अलग व्यक्तित्वों को भी स्वीकार किया जाता है और उनके अलग-अलग लक्ष्यों को भी महत्त्वपूर्ण माना जाता है। इसी के साथ दूसरे से जुड़कर सौहार्दपूर्ण मानवीय की भी प्रत्येक व्यक्ति के लिए आवश्यकता अनुभव की जाती है। क्षेम जी की रचनाओं में सामाजिक यथार्थ के बोध को स्पष्टतः परिलक्षित किया जा सकता है। सामाजिक विषमता को चित्रित करते हुए वह कहते हैं–'एक सागर किसी के लिए कम यहाँ' में सामजिक बुराई, भ्रष्टाचार की ओर उनका सीधा प्रहार है जहाँ हर भ्रष्टाचारी को वह लूटने में लिप्त देखते हैं, तभी तो उन्होंने स्पष्ट कहा–

''यह दुनाली प्रणाली चलेगी नहीं इसलिए धार को सम बहाते चलो।''

अर्थात् क्षेम के गीत सामाजिक व नैतिक संघर्ष के लिए अग्रसर हुए हैं।

(7) **गीत-शिल्प और कला**–कला और शिल्प की दृष्टि से क्षेम के गीतों में अन्य सहयात्रियों की अपेक्षा अधिक परिष्कृति और कलात्मकता परिलक्षित होती है। उनके गीतों का अपना एक साँचा है जिसके भीतर वे अपनी अनुभूतियों को गहराई से प्रतिपादित करते हुए गीत के अन्तिम चरण तक पहुँचते हैं। प्रभावान्विति की दृष्टि से उनके गीत सर्वथा निर्दोष हैं। गीतों में क्रमशः अनुभूतियों के पक्ष स्तर प्रतिस्तर खुलते चलते हैं। उनमें कहीं भी अनमेल अनुभूतियों का मिश्रण नहीं है। उनके गीत तन्त्र की विशेषता है कि उनके गीत का प्रत्येक चरण क्रमशः आगे बढ़ता हुआ अन्त में उस बिन्दु पर जा खड़ा होता है जहाँ गीत की अनुभूति न केवल पूर्णता को प्राप्त करती है वरन् उसमें जीवन के लिए एक उदात्त सन्देश भी प्रकाशित हो उठता है।

उनके गीत सामान्य स्तरों पर ही समाप्त नहीं होते बल्कि अन्त में वे उदात्त बिन्दु पर पहुँचते हैं। इन गीतों का विकास तन्त्र क्रमशः नीचे से ऊपर उठता जाता है। वह चरण प्रतिचरण अग्रसर होते हुए ऊर्ध्व की ओर विकसित होता है। गीतों में कहीं भी छिछलापन नहीं होता। एक परिष्कार और सुसंस्कृति की चेतना उनके हर गीत में उजागर होती है।

(8) **भाषिक संरचना**–क्षेम की भाषा इतिवृत्तात्मक, सपाट और सामान्य वार्तिक भाषा नहीं होती। उसमें संस्कृत के तत्सम शब्दों का अधिकाधिक प्रयोग हुआ है किन्तु इस तत्समता में शब्दों के नाद और लय का पूरा ध्यान रखा गया है। इसीलिए उनकी भाषा में नाद-सौन्दर्य और सर्वत्र आवश्यक समरसता दिखाई देती है। उनकी भाषा में बोलचाल के शब्दों का प्रयोग भी हुआ है। जैसे–अरमान, बहार, सुबह, दिल, सितारे और चमन आदि शब्दों का प्रयोग प्रवाह को गति देने में समर्थ है। तत्सम शब्दों के बीच उनके गीतों में तद्भव शब्दों और ग्रामीण बोलचाल के शब्दों का भी कलात्मक ढंग से प्रयोग हुआ है। उदाहरणार्थ–अँजुली, सपना, पाँव आदि शब्द धड़ल्ले से प्रयुक्त हुए हैं। उन्होंने कुछ शब्दों का स्वयं निर्माण भी किया है, जैसे–निंदारे, दुखियारे, मटियारे आदि।

क्षेम की भाषिक संरचना की दूसरी विशेषता विशेषणों के सार्थक प्रयोग में दिखलाई पड़ती है जिन्हें विशेषण वक्रता अथवा विशेषण-विपर्यय के रूप में भी पहचाना जा सकता है। संज्ञा के पूर्व लगे ये कलात्मक विशेषण नाद के साथ ही अर्थ की भी चित्रात्मक अनुभूति करने में समर्थ हैं। कहीं-कहीं ये विशेषण और विशेष्य परस्पर और विरोधाभासी प्रतीत होते हुए भी किसी महत्त्वपूर्ण और गहरे अन्तर्वर्ती अनुभव से साक्षात्कार कराते हैं। उनकी भाषा में तत्सम शब्दों, नयी संज्ञाओं और विशेषणों के निर्माण में रचनात्मक सिद्ध होते हैं। क्षेम के गीत छायावाद के बाद एक अलग गीतान्तर की दिशा प्रस्तुत करते हैं। वह किसी वाद या शिविर में न बँधकर स्वयंचेता की भूमिका में हैं। उनके गीतों में स्पष्ट विकास की रेखा परिलक्षि होती हैं जो देश-काल और परिवर्तित परिवेश से भी प्रेरणा ग्रहण कर अपनी गीत-रचना को आगे बढ़ाती है। ग्राम-बोध और लोकधर्मिता के संस्पर्श भी क्षेम की रचनाओं में अन्तर्निहित हुए हैं। इसका कारण रहा कि मूलतः वे ग्राम से ही नगर में आये हुए रचनाकार रहे हैं। ग्राम-प्रकृति और ग्रामीण छवियों के नियोजन में भी उनके गीत अग्रणी हैं।

# साठोत्तरी गीत-काव्य

'गीत-तत्त्व' की 'गीतिमा' ही 'गीत-काव्य' की मूलतम एवं प्रमुखतम पहचान है। जो गुणवत्ता सामान्य रूप से रचना में अन्तर्भूत होकर, कविता को साहित्य मात्र की विभिन्न विधाओं में एक अलग अस्मिता एवं विशिष्टता प्रदान करती है, वही घनीभूत होकर गीत-विधा को भी उसका वैशिष्ट्य प्रदान करती है। आन्तरिक राग-वत्ता, गेयता अथवा विशिष्ट लयवत्ता तथा संक्षिप्तता—आदि धर्मगत एवं स्वरूपगत जो लक्षण, गीत-विधा की परिभाषा के रूप में प्रयुक्त हुए हैं, वे कहीं न कहीं से, गीत-विधा को, काव्य की अन्य उप-विधाओं से कुछ विशिष्ट रूप देने के परिप्रेक्ष्य में ही परिगणित हुए हैं। छान्दसिकता (अन्तर या बाह्य लयात्मकता), कविता-मात्र के लिए अप्रत्याज्य ही सिद्ध होती है, किन्तु वह अपेक्षाकृत परा-रूप प्राप्त करते हुए ही, गीत-विधा को उसके स्वरूप और स्वधर्म में प्रविष्ट होती हैं। कथ्य के प्रति आन्तरिक राग-बोध का धरातल गीत-विधा के लिए अनिवार्य माना गया है। गीत का कथ्य-विषय कोई बहिप्रसंग भी हो सकता है और कोई निजी रागात्मक अनुभूति भी हो सकती है। इसी दृष्टि से विभिन्नों की सामान्य विशिष्टता के होते हुए भी, गीत-विधा की आन्तर श्रेणियाँ या अवान्तर भेद भी किये गये हैं। यदि ऐसा न होता तो सम्बोध-गीत, राष्ट्रीय-गीत, प्रेम-गीत, शृंगार-गीत, शोक-गीत, नव-गीत, जन-गीत और 'अ-गीत'—जैसे उपभेद न किये गये होते। इस प्रकार, बहिर्विषयगत अथवा आन्तरिक राग-बोध के न्यूनाधिक्य और पारस्परिक तारतम्य के होते हुए भी, आज गीत-विधा का इतना विस्तार न हुआ होता।

संस्कृत में 'गीति-काव्य' की अभिधा के अन्तर्गत यद्यपि 'मेघदूतम'!—जैसी संस्कृत कृति को भी परिलक्षित कराया गया है, पर संस्कृत-वाङ्मय में जयदेव के 'गीत-गोविन्दम्' के साथ ही, गीति-तत्त्व व्यतिरिक्तता, अधिक संकेतित हुई है। 'गीत-गोविन्दम्' के बाद, विद्यापति की पदावलियाँ भी गीत-काव्य के भीतर ही ग्रहण हुई हैं। सिद्धों-सन्तों के पद, सूर, मीरा तथा अन्य हिन्दी-भक्त कवियों के पदों से लेकर, 'आधुनिक काल' में 'छायावादी' काव्य-धारा के साथ गीतों का एक सुस्पष्ट प्रवाह प्रमुखता-पूर्वक सामने आया है। हिन्दी के पूर्ववर्ती काव्य-समीक्षकों ने, 'हिन्दी-युग'

की स्पुट कविताओं में, 'गीत' के नाम से जिस रचनात्मकता को प्रतिलक्षित कराया है, वह 'मात्रा' में बहुत कम रहा है, तथा 'गुणवत्ता' में भी उन्हें उक्त समीक्षकों ने उस गीत-धारा में श्रेणीकृत किया है, जो हिन्दी-काव्य-धारा में पूर्व-प्रचलित पदों से साम्य रखते हैं। 'राष्ट्र-कवि' मैथिलीशरण के 'झंकार' में संगृहीत अथवा 'साकेत' और 'यशोधरा' में यत्र-तत्र संग्रथित गीत, 'गीत' ही कहे गये हैं। पदों की भाँति, इन गीतों में भी, सूरदास के पदों की भाँति, कथा की एक सूक्ष्म पृष्ठभूमि भी संलग्न रही है। 'छायावादी-युग' के गीतों को, हिन्दी-काव्य-धारा में प्रचलित गीतों में व्यक्त वैयक्तिकता (आत्मनिष्ठता) एवं कोमल कल्पनाशीलता में, पाश्चात्य 'प्रगीत'-पद्धति की समानता लक्षित कराते हुए, उन्हें युगीन नवीनता एवं आधुनिकता से युक्त माना गया। सुमित्रानन्दन पन्त एवं सूर्यकान्त त्रिपाठी 'निराला' की विषय-परक (प्रायः प्रकृति-सौन्दर्य से सम्बन्धित) तथा अपेक्षाकृत स्फुट, लघु एवं गीति-तत्व-प्रधान कविताओं को, परम्परा-प्राप्त हिन्दी पद-गीतों से अलग करने के लिए, 'प्रगीत' पारिभाषिक शब्द का प्रयोग भी किया गया। अँग्रेजी के 'रोमानी पुनर्जागरण काल' के 'ओड' एवं 'बैलेड'-रूपों सी, विषय-परकता लक्षित करते हुए, आचार्य नन्ददुलारे वाजपेयी जैसे समीक्षकों ने उनके लिए 'गीत' की अपेक्षा, 'प्रगीत' पद का ही प्रयोग किया। 'छाया-युगीन' गीतों में वैयक्तिकता (सब्जेक्टिविटी) की प्रधानता भी दिखी और प्राकृतिक पदार्थों के प्रति नव-जाग्रत सौन्दर्य-भावना की कल्पना-पेशलता भी प्रतीत हुई। छायावाद कवियों में स्फुट-गीतात्मक रचनाओं के होते हुए भी, जयशंकर प्रसाद की प्रतिभा की प्रमुखतम प्रवृत्ति, प्रबन्धात्मकता में ही अपने चरम बिन्दु तक पहुँची है। 'निराला' की 'जुही की कली' और 'बादल-राग'-जैसी रचनाएँ प्रगीतात्मकता के निकट रही हैं, पर उनके परवर्ती कविता प्रणयन में 'गीत' का स्वरूप विकसित और मार्जित होता गया है। 'पन्त' में शुद्ध गीतात्मकता के स्थान पर, विषय-परकता के कारण, प्रगीतात्मकता ही प्रच्छायित रही। गीत के परिप्रेक्ष्य में, 'निराला' और महादेवी ही इस युग के श्रेष्ठ गीतकार कहे जाएँगे।

'छाया-युग' में गीतात्मकता को एक नया कल्प अवश्य मिला, किन्तु समग्र छायावादी काव्य-बोध पर प्रकृति-प्रधानता एवं रहस्यात्मक जीवन-दृष्टि के अति प्रभावी होने के कारण, इस युग की काव्य-रचनात्मकता दर्शन-प्रधान और अधिक सूक्ष्म-मुखी प्रतीत हुई। यद्यपि समूची छायावादी काव्य-दृष्टि, सामन्ती जीवन-मूल्यों की अपेक्षा, नव-जाग्रत लोकतान्त्रिक जीवनोष्मा से अन्तःस्फूर्त रही है और उसमें व्यक्ति के उपेक्षित व्यक्तित्व, अलंकरण-रूप में सिमट गयी प्रकृति के साथ नये मानवीय लगाव, आमुष्मिकता के स्थान पर इहलौकिकता की प्रवृत्ति, नारी के नव-मूल्यांकन, यथार्थोन्मुख आर्दशवाद, मानववादिता की नयी दृष्टि, निर्जातीयता, असाम्प्रदायिकता, समता, बन्धुत्व तथा सामान्यता एवं साधारण के प्रति विशिष्ट महत्त्वदायी आदि पक्ष,

मध्यकालीन जीवन-बोध की अपेक्षा आधुनिक परिप्रेक्ष्यों के प्रति निश्चित रूप से सजग रहे हैं, किन्तु उसकी रहस्यमुखीनता और रचना-कल्प की गुम्फित लाक्षणिकता के कारण, उसमें अति कल्पना-प्रवणता एवं अन्तर्मुखीनता की जो वृत्तियाँ, सामान्य पहचान के रूप में प्रमुख हो उठी थीं, उसका विरोध भी होना स्वाभाविक था। युग-चेतना के तथ्य और यथार्थ महत्त्वपूर्ण होते जा रहे थे। 'छायावादी काव्य-धारा' 'द्विवेदीयुगीन' इतिवृत्तात्मकता एवं स्थूल वर्णना के विरोध में जन्मी थी, अतः वह स्थूल यथार्थों की अपेक्षा, एक नव-लोकतान्त्रिक संस्कृति-बोध को उकेरने में, इतनी सूक्ष्मतर हो उठी कि 'प्रगतिवाद' एवं 'प्रयोगवाद' से सम्बद्ध रचनाकार और चिन्तक उसे पलायनवादी भी घोषित करने लगे। सामाजिक, आर्थिक एवं राजनीतिक प्रश्नों की जटिलता के क्षणों में, प्रकृति के उन्मुक्त सौन्दर्य में रसास्वाद की प्रवृत्ति, उन्हें अन्तर्मुखीन एवं यथार्थ-विरोधिनी लगी। कर्मकाण्ड प्रधान स्थूल धार्मिकता के स्थान पर, सबको एक चिन्तन-सूत्र तथा आनुभूतिकता से बाँधने के प्रयास में उद्बुद्ध 'रहस्य-भावना', ऐकान्तिक अध्यात्म से अनुगांधित अनुभव हुई। 'प्रगतिवादी' विचारधारा को छायावाद, अधिक व्यक्तिवादी और स्वच्छन्दताकामी कविता प्रतीत हुआ, और 'प्रयोगवादी' विचारधारा को वह व्यक्ति-यथार्थ के प्रति एक कल्पना प्रधान और रोमानी काव्य-दृष्टि लगी। दोनों ने 'छायावाद' पर प्रहार किया और 'तारसप्तक' में दोनों ने एकजुट अभियान का भी प्रवर्तन किया।

दुर्भाग्य की बात थी कि, दोनों ने छायावादिता एवं गीतात्मकता में बहुत भेद नहीं किया और गीत-विधा का भी समान रूप से विरोध होने लगा। इन दोनों विरोध-पटलों के बीच से, इस बीच, एक तृतीय काव्यधारा का भी विकास हुआ, जिसे 'मानवमुखी गीतधारा' का नाम दिया जा सकता है। इस गीतधारा ने छायावाद के 'प्रकृति-दर्शन' और 'रहस्य-तत्व'—दोनों को गौण करते हुए, मानव और उसकी मानवीयता को महत्त्वपूर्ण माना। इस मानवमुखीनता में, मानवीय मूल्यों और उसके पारिवारिक-सामाजिक उन्मेषण की दृष्टि प्रमुख थी। नारी के प्रति रागात्मक सहयोगिनी के भाव, पारिवारिक-सामाजिक सहभागिता, सौन्दर्यबोधीय सम्बन्ध-बिम्ब, नूतन लोकतान्त्रिक जीवन-मूल्यों की व्यंजना, स्वातन्त्र्योत्तर नव-जागरण, विकास के नूतन परिप्रेक्ष्यों तथा प्रेम के संयोग-वियोग की आनुभूतिक आस्था की तरल-सजल मानवीयता इस मानवमुखी गीत-धारा के प्रमुख कथ्य थे। यह धारा, गीतकारों की निजी गीत-साधना से सम्बद्ध थी, जिसके पास, 'प्रगति' और 'प्रयोग' के सम्मिलित प्रहारों से सुरक्षा के लिए, न उनका कोई संगठन था और न ही पत्र-पत्रिकाओं एवं संचार-माध्यमों के साधन-संसाधन ही उन्हें उपलब्ध थे। कविता शिविरों में बँटने लगी। प्रगतिवादी का अपना राजनीतिक मार्क्सवादी आधार था, उनके अपने समर्पित समीक्षक भी सन्नद्ध थे। सच्चिदानन्द हीरानन्द वात्स्यायन 'अज्ञेय' जैसा

साधन-संसाधन-समृद्ध व्यक्तित्व, 'प्रयोग' के पक्ष में हर प्रकार की रणनीति के लिए एक दृढ़ स्तम्भ था। पूँजीनिविष्ट संस्थानों के सहयोग से 'अज्ञेय' ने 'प्रतीक', 'नव प्रतीक' तथा 'सप्तकों' की एक शृंखला के साथ, प्रयोगशीलता का ध्वज इस प्रकार उत्तुंग किया कि मानव-मुखी गीत-धारा को सामान्य श्रोता-मंचों एवं सार्वजनिक कवि सम्मेलनों में जो भी प्रतिभागिता प्राप्त होती रही हो, तथोक्त साहित्य-मंच से उन्हें विशेष सम्मान अवबाधित ही होता रहा।

सन् 1950 के बाद 'अज्ञेयवादी' प्रयोगवाद का जब 'नयी-कविता' आन्दोलन द्वारा विरोध आरम्भ हुआ तो भी इस गीतधारा के विरुद्ध प्रहारकता कम नहीं हुई। 'नयी कविता' के पक्षधरों ने भी इस मानवमुखी गीत-धारा को प्रासंगिकता की सूची से निरस्त करते हुए उसे गतावधिक (कालातीत) ही घोषित किया। धर्मवीर भारती, नरेश मेहता और गिरिजा कुमार माथुर जैसी गीतात्मक प्रतिभाएँ भी, फिर गीत-लेखन का मन नहीं बना सकीं। 'नयी कविता' में गीत-विधा के लिए कोई स्थान नहीं रहा। 'लघु मानव', 'क्षण-वाद' एवं डॉ. लोहिया से प्रेरित नयी इतिहास-दृष्टि तथा नव-मिथकीयता जैसी धारणाओं के चलते, विसंगति-बोध, शंका, सन्देह, संत्रास एवं मध्यवर्गीय विषमताओं का जो ज्वार, सन् 1960 तक शिखरीण हुआ, उसमें गीतात्मकता के लिए कोई अवकाश नहीं था। महाभारत, राम-कथा एवं कृष्ण-कथा के पौराणिक मिथकों की नूतन व्याख्याओं में समर्पित जीवन-रागों की ध्वनि क्षीणतम हो गयी। ध्यान देने की बात यह है कि 'प्रगति', 'प्रयोग' एवं 'नयी कविता' के आन्दोलनों की प्रखर प्रबलता के कारण तथाकथित सत्ताशील व्यवस्था से इस गीत-विधा को जो भी हतोत्साहना मिली, पर ये आन्दोलन उसे निर्मूल नहीं कर सके। इस गीतधर्मी प्रतिभाओं में डॉ. श्रीपाल सिंह 'क्षेम', गोपालदास 'नीरज', वीरेन्द्र मिश्र, भारत भूषण, सोम ठाकुर, श्याम नन्दन किशोर, शिव बहादुर सिंह भदौरिया-जैसे कुछ गीतकार निरन्तर गीत लिखते रहे हैं। सन् 1940 तक छायावादी काव्यधारा अपने प्रौढ़तम शिखर तक पहुँच चुकी थी। सन् 1940 के आस-पास और उसके कुछ पूर्व, हिन्दी-गीतों में मानवीय मूल्यों की प्रतिष्ठापना करने वाले जो गीतकार प्रकाश में आकर, मान्यता और सम्मान अर्जित कर चुके थे, उनमें डॉ. हरिवंश राय 'बच्चन', नरेन्द शर्मा, जानकी बल्लभ शास्त्री, डॉ. शम्भुनाथ सिंह, मोती बी.ए. एवं डॉ. 'क्षेम' के नाम अग्रगण्य रहे हैं। श्री गोपाल दास 'नीरज' इनके दो-चार वर्ष बाद उदित हुए, पर सार्वजनिक काव्य मंचों पर एक लोकप्रिय हिन्दी गीतकार के रूप में डॉ. 'नीरज' गीत-प्रेमियों की जिह्वा पर चढ़ने लगे थे। सन् 1952-53 तक 'समय की शिला' नाम गीत-रचना उनकी पहचान बन चुकी थी। 'एक पल का गीत' और 'जीवन का है वरदान यही—सुख भी दो छन, दुख भी दो छन' शीर्षक गीतों के लिए डॉ. क्षेम श्रोता विश्रुत हो चुके थे।

यथार्थ-परक मानव भावनाओं की सहजता-तरलता के परिप्रेक्ष्य में जहाँ कथ्य और शिल्प दोनों ही आयामों पर डॉ. 'बच्चन' काव्य-मंचों के शृंगार के पर्याय कहला चुके थे। जानकी बल्लभ शास्त्री की तत्समनिष्ठ गीतिमा एवं शास्त्रीय लयवत्ता, बिहार की सीमा को अतिक्रान्त कर अन्य हिन्दी प्रदेशों में प्रतिमान्यता-प्राप्त हो चुकी थी। विद्यावती 'कोकिल', चन्द्रमुखी ओझा 'सुधा', सुमित्रा कुमारी सिन्हा एवं स्नेहलता 'स्नेह' के गीत अपनी प्रगाढ़ भावमयता और लयवत्ता के लिए उदाहरणीय रहे हैं।

सन् 1950 के उपरान्त 'नयी कविता' के आन्दोलन एवं डॉ. जगदीश गुप्त के सम्पादकत्व में 'नयी कविता' नामक काव्य-पत्रिका के प्रकाशन के साथ, हिन्दी के अनेक गीतकार जो अपनी विधा में प्रतिमान बन चुके थे, एक प्रकार की द्विचित्तता से ग्रस्त हो गये। डॉ. धर्मवीर भरती, डॉ. जगदीश गुप्त, नरेश मेहता तो नयी कविता के ध्वजधारी हो गये। गिरिजा कुमार माथुर, 'अज्ञेय' की 'सप्तक' परम्परा में सम्मिलित हो चुके थे। डॉ. शम्भुनाथ सिंह भी एकोन्मुख होकर 'नयी कविता' में अभ्यास करने लगे थे। डॉ. क्षेम, डॉ. नीरज, भारत भूषण, मोती बी. ए., वीरेन्द्र मिश्र, रूप नारायण त्रिपाठी, रमानाथ अवस्थी और सोम ठाकुर अपने गीत-पथ पर चलते रहे। इनके गीत शिविरों और शिविर पतियों द्वारा सम्पादित-प्रकाशित संकलनों और मतवादी पत्रिकाओं में भले ही संगृहीत न हुए हों, पर सामान्य हिन्दी-श्रोता काव्य मंचों और आकाशवाणी से इनके गीतों का रसास्वादन पाकर तृप्त होता रहा। फिर भी 1950-60 तक का दशक मुख्यतः 'नयी कविता' के ही प्राधान्य का दशक रहा। गीत की रागात्मक अनुभूतियों के स्थान पर 'भोगे झेले क्षणों', के संवेदनों और मध्यवर्गीय वैयक्तिक यथार्थ कविता में छन्दोमुक्त रूप से प्राधान्त पाते रहे। 'नयी कविता', समग्र बिम्बों के स्थान पर, 'चेतना-प्रवाह' की मनोवैज्ञानिक शैली में, 'खण्डित' बिम्बों को ही यथार्थ और सहज मानती रही। 'नयी कविता' में शब्द और छन्द की लयात्मकता के बजाय 'अर्थ-लय' को महत्त्व मिला। कविता में 'गद्य' और 'पद्य' की दूरी को मिटाने का भी उद्घोष हुआ। धीरे-धीरे 'नयी कविता' में सौन्दर्यशास्त्र के स्थान पर मनोविज्ञान और समाजशास्त्रीयता के आग्रह उभरकर सामने आने लगे। मार्क्सवादी विचारक 'नयी कविता' पर 'कुत्सित समाजशास्त्रीयता' का आरोप लगाते रहे और 'नयी कविता' तथा 'प्रयोगशीलता' के पक्षधर, 'प्रगतिवादी' लेखन परसंकीर्ण समाजशास्त्रीयता तथा लेखकीय स्वातन्त्र्य के अपहरण का आक्षेप सिद्ध करते रहे।

प्रयोगवाद एवं प्रगतिवादी कविताओं की भाँति ही, 'नयी कविता' भी एक विशिष्ट शिक्षित समाज तक सीमित रही। ये कविताएँ भावना, कल्पना और मानवीय मूल्यों के स्थान पर, बौद्धिकता एवं दृष्टि विशेष को कविता का अनिवार्य गुण मानने लगीं। छोटी-बड़ी और आड़ी-तिरछी पंक्तियों का एक विलक्षण विन्यास कविता का स्वरूप प्रतीत होने लगा। रस, सौन्दर्यानुभूति और अभिव्यक्ति-शिल्प की परम्परागत

राहें अवैज्ञानिक और अमान्य हो उठीं। भाषा-लालित्य का प्रश्न अप्रासंगिक हो उठा। चित्रात्मकता का स्थान बिम्बात्मकता और कहीं उसके विरुद्ध 'सपाटबयानी' होने लगी। छन्दों की मात्रिकता अनावश्यक व्यायाम लगने लगी। टेक, तुक और अन्तरा की विन्यासना अनुपयोगी घोषित हुई। शब्द की मितव्ययिता के नाम पर अधूरे-टूटे वाक्यांश, अधिक सार्थक मान्य हुए। एक कृति में भावान्विति की धारणा ही कृत्रिमता और अ-यथार्थ का पर्याय समझी जाने लगी। इस प्रकार 'नयी कविता' में गीतात्मकता के लिए कोई स्थान शेष नहीं बचा और वह पुस्तकीय और पाठ्य बनकर, जड़ से ही नहीं, सहृदय श्रोता-पाठकों से भी कट गयी।

## गीत की अन्तर्वाही प्रकृति और दुर्धर्ष जिजीविषा

जीवन चाहे जितना भी शुष्क, यान्त्रिक और खुरदुरा हो जाए, पर गीतात्मक प्रवृत्ति सर्वथा निर्मूल और अस्तित्वहीन नहीं की जा सकती। जिस प्रकार जीवन की नाना विषमताओं के बीच, मनुष्य में हँसने, गाने और रोने की प्रवृत्ति सर्वथा विनष्ट नहीं हो सकती, उसी प्रकार साहित्य की किसी भी व्यवस्थागत परिनिष्ठा में बाधित की जाकर भी, गीत-विधा सदैव अथवा एक लम्बे अन्तराल के लिए समाप्त नहीं की जा सकती। स्वतन्त्रता-प्राप्ति के नवोत्साही आशावाद के साथ, छायावादी काव्यधारा के भीतर से जो मानवमुखी, गति-धारा में निःसृत हुई थी, वह प्रगति और प्रयोग के दो पाटों में निर्मूल नहीं की जा सकी। 'नयी कविता' ने गीत-विधा को भले ही गतावधिक (आउट ऑव डेट) करार दे दिया हो, पर पूर्व-कथित गीतकारों की साधना में वह भीतर-भीतर न केवल अपने अस्तित्व-बीज को सुरक्षित किये रही, अपितु अपना आत्मविश्वास भी अक्षुण्ण किये रही। सहृदय श्रोताओं से इनका सम्बन्ध बराबर बना रहा। अच्छे समीक्षक और निष्पक्ष चिन्तक इस बीच उसे भले ही न मिले हों, पर गीतकारों की गीतास्था सास्तित्त्व बनी रही। मानवीय मूल्यों के साथ, सामाजिक परिवेश के ह्रास-रुदन के साथ उनका सम्बन्ध बना रहा। इन मानवमुखी गीतकारों ने छायावादी भाषिक विधान से तो उसके प्राण-पोषक तत्त्व ग्रहण ही किये, सीधे लोक-समाज और लोकधर्मी जिजीविषा से भी अपने शब्द, बिम्ब और प्रतीक चयनित करते रहे। इन्हें राष्ट्रीयता के भाव-बोध से भी कोई विरक्ति अथवा कुण्ठा नहीं थी। नारी-सम्बन्ध, प्रकृति-परिवेश, लोक-संस्कृति की मधुरिमा तथा अन्यान्य मानवीय राग-बोधों से उनकी सम्पृक्ति बनी हुई थी। इनकी सुख-दुखानुभूति एवं 'नयी कविता' के कुण्ठा-सन्त्रास में बड़ा अन्तर था। ये गीतकार सह-जीवन के गायक थे। बिलगाव और आत्मरति से भिन्न, इनकी जीवनास्था सामाजिक और परस्पर साम्यवाद पर आधृत थी। जीवन का यही गीत-धर्म, जिसे 'नयी कविता' और साठोत्तरी कविता-प्रवृत्तियाँ रिक्त नहीं कर सकीं, आगे चलकर 'नवगीत' के आन्दोलन में पुनरुज्जीवित और

पुनः प्रतिष्ठापित हुई। स्वयं प्रगतिशील समीक्षा की ओर से, जड़ों से कटने के विरुद्ध जड़ों की ओर पुनरागमन की आवश्यकता अनुभव की गयी। जिन दिनों काल को क्षणों में काटकर, एक अकेले क्षण में जीने की आत्म-मुग्धता प्रतिमान बन रही थी। ये गीतकार हर क्षण को सामाजिक सहजीवन में नयी अर्थवत्ता प्रदान कर रहे थे–

"एक पल ही जियो, फूल बनकर जियो
शूल बनकर ठहरना, नहीं जिन्दगी।
× × ×
एक पल ही जियो, गीत बनकर जियो,
अश्रु बनकर बिखरना नहीं जिन्दगी।"

गीतों पर होते निष्ठुर प्रहार के उत्तर में भी, ये गीतकार अपने उद्गार व्यक्त करते हुए, अपनी गीतास्था का औचित्य प्रतिपादित करते जा रहे थे–

"न छीनो गीत ये मुझसे, न छीनो गीत ये मेरे।
जभी संघर्ष से थककर कभी मानव रुका होगा,
× × ×
पदों की तोल है इनमें, न छीनो गीत ये मेरे।"

ये गीतकार किसी निजी कुण्ठा के कोटर में बैठकर, अपनी गीत-रचना नहीं कर रहे थे। यह उनका एकान्त चिन्तन नहीं, प्रत्युत् एक सह-संवाद था–

"हमारे ही अकेले के नहीं, ये गीत सबके स्वर"

गीत चाहे समाज में गाया जाए या अकेले में, उसका सम्बन्ध निश्चित ही, एक 'सह-सम्बन्ध' होता है। गीत का मूल बोध सदैव ही, ऋणात्मक नहीं धनात्मक तथा विरक्ति और वितृष्णा नहीं, प्रत्युत वह मूलान्त में एक अनुरक्ति और सह-अस्तित्त्व ही होता है। गीत, जिस प्रकार मन-अन्तर की अन्तर्लहरियों से उत्थित और प्रस्फूर्त होता है, उसी प्रकार समाज और परिवेश की विरोधी परिस्थितियों में भी वह अन्तर्वाही होता है। ऊपर से आघात सहता हुआ भी, गीत भीतर ही भीतर, अपनी अन्तःक्षमता को अगले क्षणों एवं परिस्थितियों के लिए सँजोता रहता है, क्योंकि मानव गाये बिना प्रकृतिस्थ ही नहीं रह सकता। इस प्रकार सन् 1943 से 1960 तक की विरोधी परिस्थितियों में गीत-विधा ने अपनी दुर्धर्ष जिजीविषा का प्रमाण दिया है।

## साठोत्तरी गीत : प्रकृति और उपलब्धि

साठोत्तरी गीत काव्य को समझने के लिए, सन् 1960 के पूर्वदशक तथा उससे भी पूर्व के दशक की साहित्यिक, मानसिक एवं बौद्धिक पृष्ठभूमि का एक संक्षिप्त विहंगावलोकन आवश्यक था। डॉ. क्षेम, डॉ. नीरज, वीरेन्द्र मिश्र, भारत भूषण एवं सोम ठाकुर आदि प्रमुख मानवमुखी गीतकार, अपने जीवन की आधी गीत-साधना

पूर्ण कर चुके थे। डॉ. हरिवंश राय 'बच्चन' के अन्तिम सोपान के गीत लोकात्मक संस्पर्शों एवं लोक-लयात्मकता के साथ अपना विराम ले चुके थे। नरेन्द्र शर्मा चल-चित्र-जगत की अन्तिम व्यस्तताओं में साहित्यिक गीतों की रचना से विश्राम प्राप्त कर चुके थे। मोती बी.ए. की परवर्ती गीतात्मकता 'महुआ बारी' जैसी भोजपुरी रचनाओं के साथ, अपनी पूर्णता के अनुभव में सन्तृप्त थी। छायावादोत्तर गीत-धारा में डॉ. क्षेम, डॉ. नीरज, भारत भूषण, वीरेन्द्र मिश्र, सोम ठाकुर और अवध बिहारी श्रीवास्तव (कानपुर) जैसे मानवमुखी गीतकार अब भी अपनी गीतात्मक रचनाशीलता को प्रौढ़ता देने में निरन्तर संघर्ष-लग्न थे। डॉ. शम्भुनाथ सिंह यद्यपि मूलतः गीतकार प्रतिभा के समर्थ रचनाकार सिद्ध हो चुके थे, पर 'नयी कविता' के नवागमन के साथ, उनकी गीतकार प्रतिभा, अभी तक अपनी 'नयी-कविता' परक रचनाधर्मिता से विरक्त नहीं हो सके थे। 'साठोत्तरी' हिन्दी कविता-प्रवाह, सन् 1960 के पश्चात्, नये-नये शिविरों में आबद्ध होने लगी। साठोत्तरी पीढ़ी के नव-लेखन ने 'नयी कविता' के प्रति अपनी असन्तोष भावना को उज्जाग्रत करने में, उग्र से उग्र होने लगे थे। 'अस्वीकृत पीढ़ी : 'रुष्ट पीढ़ी', 'अकविता'-आन्दोलन, 'सही कविता', 'सहज कविता', 'नग्न पीढ़ी' आदि कविता के जो नये शिविर, हिन्दी-कविता जगत् में उठ खड़े हुए, उन्होंने नकारात्मकता का स्वर तीव्रतर करना आरम्भ कर दिया। पीढ़ियों के अन्तराल के समाजशास्त्रीय जीवन-कोण पूर्व पीढ़ी के प्रति विद्रोह और अस्वीकार की वृत्ति को प्रमुखता देने लगे। राजकमल चौधरी की यौन-युयुत्सा भी एक प्रबल झटके के साथ, हिन्दी में प्रचर्चित हो उठी। ऐसा प्रतीत होने लगा, जैसे नकारात्मकता, निषेध और पूर्व-प्रचलित परम्परा के प्रतिष्ठित मूल्य खण्ड-खण्ड दिखाई पड़ने लगे। अस्तित्ववादी जीवन-दृष्टि के साथ, विसंगति, यौन संत्रास, मूल्यहीनता एवं व्यर्थता-बोध की वृत्तियाँ पूरे वेग में उजागर हो उठीं। गीतों के विशिष्ट प्रतान एवं भाषिक संरचना के बिन्दु अमान्य घोषित हो गये।

स्वतन्त्रता की नव-प्राप्ति के साथ, देश-समाज में जिन गाँधीवादी जीवन-मूल्यों का प्रसार हुआ था, भारतीय राजनीति के चारित्रिक पतन के साथ, युवा पीढ़ी ने एक गहरे मोह-भंग एवं आशा-भ्रंश का अनुभव किया। जीवन का रचनात्मक एवं आशावादी आस्था-पक्ष जर्जर हो उठा। चतुर्दिक रूप से मानवीय मूल्यों की प्रतिष्ठापना के प्रति एक जगुप्सा एवं निराशा के भाव प्रगाढ़ हो उठे। महापुरुषत्व एवं आदर्शवाद एक छद्म अनुभव किया जाने लगा। परम्परा और उसकी तथोक्त मर्यादाएँ अविश्वसनीय हो उठीं। रचनाकार का व्यक्ति-पक्ष ने संश्लेषण, सामंजस्य एवं सन्तुलन के अभाव में, हिन्दी कविता को एक अपूर्व अराजकता के बीच खड़ा कर दिया। गद्यात्मकता, बौद्धिकता, भाषिक लयात्मकता एवं रचना-सम्बन्धी नयी-नयी स्वोद्भावित तथा आयातित तथोक्त कला-कोणों के चलते, मानवमुखी गीतधारा,

अन्य तथोक्त काव्य-विधाओं के बीच एक तिरस्कृत काव्य-विधा के रूप में जीने के लिए विवश की जा रही थी। 'सही', 'यथार्थ', 'वास्तविक' एवं सहज विशेषणों के साथ, हिन्दी कविता एक विचित्र ऊहापोह से ग्रस्त हो रही थी। राजनीति के जीवन में अतिशायी हो जाने के कारण राजनीतिक मूल्यों की ह्रासग्रस्तता ने सारे समाज और विशेषतया मध्यवर्गीय मानसिकता को इतना अस्थिर और परस्पर विसंगत बना दिया है कि सहज-पाठकों से वह दूरस्थ हो उठी। इसी संकटपूर्ण परिवेश में साठोत्तरी गीत-धारा को अपनी अस्तित्व-रक्षा में सन्नद्ध होना पड़ा। पहले, साहित्य की हर विधा के नामों के पूर्व 'नया' के विशेषण जुड़े और साठोत्तरी कविता-काल में इस 'नयेपन' का स्थान 'अ' ने लिया है। इस 'अ' का अर्थ सन्दर्भितरूपता का सर्वथा अभाव नहीं था। यह 'अ' की विशिष्टता, पूर्व-परम्परा एवं प्रथित पद्धतियों के विरोध अथवा अस्वीकृति का ही वाचक बन गया था। 'गीत' यदि कहीं शेष था तो अपने पूर्ववर्ती मूल-रूप में न होकर, 'अ-गीत' रूप में ही प्रासंगिक बन रहा था। कविता का मूल स्वर, इस अवधि में, मूल्यों की सृजनात्मकता नहीं, अपितु मूल्यहीनता अथवा विद्रोह के रूप में ही प्राकरणिक रह गया था।

## साठोत्तरी गीत-धारा की प्रमुख प्रवृत्तियाँ

साठोत्तरी हिन्दी कविता में गीतात्मकता चाहे जितनी अवमानित और अप्रासंगिक घोषित की जा रही थी, किन्तु उसका स्वरूप, अपने में, मूलतः मानवीय मूल्यों के साथ ही सम्बद्ध था। आदर्शवाद के स्तर पर उसमें मानव-मूल्यता ही केन्द्रस्थ थी। प्रेम, सौहार्द, सहयोग, सौन्दर्य-चेतना, प्रकृति-परिवेश के साथ गीतकार की संलग्नता और नर-नारी की सापेक्ष सम्बद्धता, इस मानवमुखी गीत-धारा में अब भी इन गीतकारों द्वारा अभिव्यक्ति पा रही थी। अन्य समकालीन कविता विधाओं में मानव-मूल्य जिस साग्रह रूप में खण्डित एवं कुत्सित हो रहे थे, उसी तत्परता के साथ, ये गीतकार उन्हें अपने गीतों में सँजोने के लिए प्रयासरत थे। अन्य काव्यविधाएँ जहाँ निषिद्ध को विधि और अस्वीकृति को मूल्य रूप में प्रतिष्ठापित करने में प्रयत्नशील थीं, वहीं ये रचनाकार अब भी रचनात्मकता के प्रति आशा-रिक्त नहीं हुए थे। प्रेम और सौन्दर्य तथा नर-नारी सम्बन्धों की रागात्मकता के प्रति वे निराश नहीं थे। छायावादी कविता के प्रेम-पक्ष के बारे में विवेचन करते समय; छायावादी काव्य-समीक्षकों ने उनके प्रेम-भाव को 'मुक्त-प्रेम' के रूप में लक्षित किया था। नर-नारी के बीच व्यवस्था-कृत दाम्पत्य की अपेक्षा, छायावादी प्रेम-बोध में निजी प्रेमाकर्षण को विशेष महत्त्व दिया गया था। मध्ययुगीन समाज व्यवस्था में रीतिकालीन स्वच्छन्द प्रेम के बावजूद, व्यवस्था-बद्ध दाम्पत्य ही, शिष्ट रूप में मान्य समझा जाता था। 'द्विवेदी-युगीन' कविता में पुनरुत्थान के साथ सुधारवाद की दृष्टि उजागर हो चुकी थी, किन्तु छायावादी प्रेम-बोध समाज

से अतिनियन्त्रित होने के कारण जड़ होते जा रही, नारी के एकांगी समर्पण-धारणा के साथ सन्तुष्ट नहीं थे। नर-नारी के बीच स्थित प्रेम-भाव में वे उभयात्मक प्रतिबद्धता के समर्थक थे। नारी-व्यक्तित्त्व के पूनर्मूल्यांकन के साथ, छाया-कवियों ने नारी की स्वेच्छा को भी आवश्यक मूल्य के रूप में स्वीकार किया था। उसने नारी को 'देवि' और 'माँ' सम्बोधनों के साथ, 'सहचरि' और 'प्राण' के भी सम्बोधन दिये। 'सजनी' और 'प्रेयसी' के इन सम्बोधनों के चलते व्यवस्था-सम्मत हिन्दी समीक्षकों ने इसे 'प्रेयस-भाव' की स्वच्छन्द एवं उन्मुक्त प्रेम-भावना के रूप में परिलक्षित किया था। छायावादी गीतात्मकता के भीतर से पल्लवित छायावादोत्तर मानव-मुखी गीतकारों का प्रेम-बोध स्वच्छन्द और आकस्मिक प्रेम-भावना पर ही केन्द्रित नहीं रहे। सामन्ती नर-नारी सम्बन्धों से असहमत होकर भी, यह गीतधारा नारी-प्रेम-बोधकों पारिवारिकता और जीवन-संगिनी के प्रत्यय रूप में भी विकसित किया। एक झटके में देखने पर कुछ आलोचकों को छायावादोत्तर मानव-मुखी-गीत-धारा तथा उसके अग्रविकसित 'साठोत्तरी' रूप में स्वच्छन्द प्रेम-भावना की गन्ध भले ही अनुभव हो, पर छायावादी प्रेम-बोध एवं साठोत्तरी गीत-धारा के प्रेम-बोध में अभेद अथवा तद्रूपता की कल्पना बहुत उचित नहीं होगी।

डॉ. श्रीपाल सिंह क्षेम, 'नीरज', वीरेन्द्र मिश्र, भारतभूषण, रामस्वरूप 'सिन्दूर', रूप नारायण त्रिपाठी, शिवबहादुर सिंह भदौरिया, रमानाथ अवस्थी एवं सोम ठाकुर आदि साठोत्तरी गीतकारों के गीतों में 'सिन्दूर' सौभाग्य चिह्न चूड़ी और नारी-शृंगार के चित्रणों में जिस प्रेमभाव की अभिव्यंजना हुई है, वह अप्रतिबद्ध एवं स्वच्छन्द प्रेम-पद्धति में श्रेणीकृत नहीं की जा सकती। चाहे डॉ. क्षेम के 'नीलम, ज्योति और संघर्ष' तथा 'जीवन-तरी' के गीत हों या 'रूप तुम्हारा : प्रीति हमारी', 'राख और पाटल' तथा 'गीत गन्धा : रूप मना'-जैसे संकलनों के गीत हों या वीरेन्द्र मिश्र एवं सोम ठाकुर की गीत रचनाएँ हों, उनमें नारी के विवाहित स्वरूप तथा दाम्पत्य के शृंगार-बोध को गरिमा की दृष्टि से देखा गया है। डॉ. 'नीरज' और भारत भूषण के गीत, डॉ. क्षेख, वीरेन्द्र मिश्र एवं सोम ठाकुर की अपेक्षा स्वच्छन्दता की ओर अधिक उन्मुख हैं, पर दर्पण में स्व-छवि पर मुग्ध नारी को प्रेम के शुभ मुहूर्त की स्मृति दिलाकर, डॉ. नीरज ने नर-नारी के सहयोग पोषित सम्बन्ध को भी व्यंजित किया है। सोम ठाकुर ने प्रिया की ओर से परदेश फँसे प्रियतम को सिन्दूर के निमन्त्रण की जो संवेदना गीतायित की है, वह प्रेमिका नारी का जीवन-संगिनी और दायित्व-बद्ध प्रेम-बोध का ही संकेतक है। प्रेम-बोध एवं मानवी सौन्दर्य के प्रति इन साठोत्तरी गीतकारों की दृष्टि सुस्पष्ट है। कविता में नारी के प्रति प्रेम की नगण्यता का नगाड़ा बजाने वाले और स्वयं अपने व्यावहारिक जीवन में नारी के आस-पास मँडराते कवियों की-सी द्विमुखता, इन गीतकारों में नहीं दिखाई पड़ती। उन्होंने प्रेम और नर-नारी

के आकर्षण-पूर्ण सह-अस्तित्त्व को निर्द्विविध रूप में सकारा है। 'साठोत्तरी' गीतकार इस दुहरेपन से सर्वथा मुक्त रहे हैं। वे प्रेम-शक्ति की सृजनात्मकता को स्वीकार करते हैं। वह समाज और परिवार में नारी की सामन्त उपेक्षिता-स्थिति से सहमत नहीं रहा है। इन गीतों में व्यक्त प्रेम-भाव, केवल एक शारीरिक आवश्यकता नहीं, प्रत्युत एक आत्मिक-मानसिक भूख है, जो नर-नारी जीवन में सहायोगी ऊर्जा के रचनात्मक स्रोत का काम करता है। इसमें नारी-जीवन के माँ, बहिन और बेटी रूपों के प्रति भी समूल्यता की दृष्टि सम्मिलित रही है। यदि नारी के प्रति प्रेमाकर्षण की अनुभूतियों की प्रधानता दृष्टिगोचर हो तो वह इसलिए नहीं कि ये गीतकार नारी जीवन के प्रति उस सम्बन्ध-बोध के स्तर पर रुचिशील नहीं है, वरन् यह इसलिए कि सामन्ती जीवन विधान में स्वयं नर-नारी के मूल सम्बन्ध ही इतने एकांगी एवं जड़ हो चले थे कि उसे केन्द्र में रखकर पुनर्मूल्यांकित करना, उन्हें प्राथमिक प्रतीत हुआ है। रामेन्द्र त्रिपाठी, रमेश रंजन (लखनऊ), पारस 'भ्रमर' (बहराइच), आदित्य वर्मा (गोण्डा), नीलू मेघ, शकुन्तला सुरभि, डॉ. सुषमा सिंह की परवर्ती कड़ी में यह वृत्ति आज भी गुंजित होती चल रही है।

नारी के प्रति 'साठोत्तरी' गीतकारों की गहरी आनुभूतिकता को समझने के लिए ये कुछ पंक्तियाँ प्रमाणस्वरूप प्रासंगिक हो सकती हैं। 1960 के पूर्व में गीतों की यह अन्तर्धारा उसके बाद भी विकसित होती रही है–

(1) "यह जीवन है आकाश! सजनि, यह जीवन है आकाश!
तुम फैलाती जाती सकरुण गतिमय अंचल!
तुम बरसाती जाती उर्मिल आलोक सजल।।
मैं लिए स्नेह की गूँज, भरे सुधि की बिजली
गीतों की बूँदों में बरसा करता छल-छल।।
तुम छवि कादम्बिनी, मैं लय-धन यह जीवन है आकाश।।"

(आधुनिक कवि (22) : श्रीपाल सिंह 'क्षेम')

(2) "जागो कला ज्योति! आया कलाकार।।"

(आधुनिक कवि (22) : श्रीपाल सिंह 'क्षेम')

(3) "रूप तुम्हारा जग-उजियारा चन्दा का आकार है
प्रीति हमारी, इस दुखियारी माटी का शृंगार है।।

(आधुनिक कवि (22) : श्रीपाल सिंह 'क्षेम')

(4) "हरि दीपक को देवालय का द्वार नहीं मिलता,
हर डाली को तो मधु ऋतु का प्यार नहीं मिलता।"

(आधुनिक कवि (22) : श्रीपाल सिंह 'क्षेम')

इस तरह नारी के प्रणय-संघर्षों के प्रति एक श्रद्धा और पूज्यता का भाव इन गीतकारों के मूल्य कोष में यत्र-तत्र सर्वत्र जगमगाते मिल जाएँगे। नारी के प्रति पूज्यता

की इस भावना को प्रगतिवादियों एवं प्रयोगवादियों ने कभी गम्भीरता से नहीं लिया। 'नयी कविता' के लोगों ने भी इसे अतिरिक्त भावुकता एवं कल्पना-रोमान के रूप में ग्रहण किया, किन्तु साठोत्तरी गीत-धारा के ये कवि नारी के प्रति सदैव आस्थाशील दिखलाई पड़ते हैं। पर-नारी के प्रसंग में, किसी स्तर पर, ऐसे उद्‌गार विलास-कामना के भीतर भी खींचे जा सकते हैं, पर इस गीत-धारा के कवियों के ये भाव नारी की मूल-सत्ता के प्रति समता-समर्पण से भरी जीवन-दृष्टि का ही एक अंग बनकर व्यक्त हुए हैं। वह नर-जीवन में कला की प्रेरिका के रूप में भी अवतरित हुई हैं।

ये गीतकार जीवन की ज्योति के अनमनेपन को असह्य अनुभव करते दिखाई पड़ते हैं। डॉ. नीरज के रोमानीपन के आरोप वाले गीतों में भी नारी-सत्ता के प्रति एक निष्ठा ध्वनित दिखाई पड़ती है। 'मेरी नींद चुराने वाले, जा तुझको भी नींद न आये' और 'पाप' को सकारने वाले भारत भूषण का गीतकार 'साठोत्तरी' अवधि में पहुँचकर जब 'राम की जल-समाधि' का गायन करता है तो राम के जीवन की अन्तिम निष्ठाओं के रूप में जो मूल्यात्मक चित्र अंकित किये हैं, वे कोरी कल्पना एवं पौराणिक रोमान से नहीं, वरन् मानवीय जीवन-मूल्यों के प्रति गहरी आस्था से प्रेरित हैं। वीरेन्द्र मिश्र और सोम ठाकुर के प्रेम-प्रणय-परक गीतों में एक उज्ज्वल प्रेमानुभूति के साथ, मूल्य-सृजन और उज्जागरण की उत्कण्ठा ही प्रतिफलित हुई है। डॉ. क्षेम की निम्न पंक्तियाँ समाज के एक त्याग-भाव को ही उभारती हैं–

"रोशनी हो रही हो जहाँ अनमनी,
साँझ मेरी वहीं पर ठहर जाएगी।"

(आधुनिक कवि, पृ. 102)

इस प्रकार मानवीय मूल्यों की दृष्टि से हिन्दी की यह संकट झेलती साठोत्तरी गीतकार पीढ़ी अप्रतिहत रूप से संघर्षशील रही है। उसने बहिरागत एवं आयातित प्रचलनों तथा अत्याधुनिकता-बोध के मोह का संवरण किया है। हिन्दी समीक्षकों में शिविरवाद के चलते, उनके साथ अभी तक भले ही समुचित न्याय न हुआ हो, पर वे अपने मूल्यांकन अभियान में निरन्तर अविचल रहे हैं। इन गीतकारों ने लोकतान्त्रिक जीवन-निष्ठा और उसके अन्तरीण मूल्यों को विश्वस्त रूप में स्वायत्त किया है। अतिवादी विचारधाराओं के निदेशनों और अधिनायकत्व के समक्ष, उन्होंने नतमस्तक होना कभी उचित नहीं समझा। मूल्य संसृजन और रचनात्मक भाव-निष्ठा के धरातल पर, यह काव्य अन्य सभी उपधाराओं के आग्रहों से मुक्त रहा है। एकांगी व्रिदोह, सम्पूर्ण अस्वीकृति एवं परम्परा-भंजन के इस वात्याचक्र में, मानवीय मूल्यों के प्रति उनकी अडिग निष्ठा ऐतिहासिक एवं अद्वितीय रही है। सामन्ती जड़ता और राजनीतिक अभियान के विरुद्ध निरस्त्र होकर भी, ये गीतकार निरन्तर रचनाशील और सजग रहे हैं। जब 'नयी कविता' और 'साठोत्तरी कविता' की अन्यान्य विधाएँ सामान्य

पाठकों से करने लगीं तो उसकी ओर से हिन्दी-काव्य-मंचों का बहिष्कार अभियान चला। सम्प्रेषण के अपने संकट को उन्होंने सम्प्रेषणीयता तत्त्वों से न सँवारकर स्वयं सम्प्रेषण संकट को ही नकार दिया। वे शिविर-सीम गोष्ठियों में सिमट गये और उन्होंने अपनी गोष्ठियों को अतिरिक्त आभिजात्य प्रदान करने का आग्रही मार्ग अपना लिया। जब उनके इन प्रयासों के उपरान्त भी उनकी कविताएँ, संस्थानबद्ध पत्रिकाओं और मतवादी प्रकाशनों तथा प्रायोजित पाठ्यक्रमों से आगे बढ़कर, लोक में रस-बस नहीं सकीं, उन्होंने साठोत्तरी गीतकारों को 'मंचीय' और 'सस्ता' विशेषण देकर, उपेक्षित एवं अचर्चित कर दिया। सामान्य देशी मानस और सहृदय श्रोताओं के मंचों ने, अपने बीच उन्हें समुचित स्नेह-सम्मान के साथ प्रतिष्ठित किया।

लोकतान्त्रिक जीवन-बोध से सम्बद्ध मानवीय मूल्यों के साथ उनमें राष्ट्र प्रेम और भाषा प्रेम के भाव भी प्रमुखता के साथ, अभिव्यक्ति पाते रहे। डॉ. क्षेम, वीरेन्द्र मिश्र, भारत भूषण एवं रमानाथ अवस्थी को राष्ट्रीय गीत एवं देश वन्दना की रचनाएँ सहृदय काव्य-मंचों एवं संचार माध्यमों में प्रसारित होकर, सराहना पाते रहे हैं। राष्ट्रीय अस्मिता और देश-गरिमा उनके गीतिम स्वप्नों में समोई रही है। डॉ. नीरज जैसे आन्तरिक भाव-गायक ने समाज के अन्धकार को मिटाने वाले द्वीपों के प्रज्वलन का आह्वान किया–"जलाओ दिये पर रहे ध्यान इतना, अँधेरा धरा पर कहीं रह न जाए।" डॉ. क्षेम और सोम ठाकुर ने देश की माटी को चन्दन का सम्मान दिया, उसे रोली और अबीर का उपमान देकर देश-प्रेम के लिए सहृदयों को सम्प्रेरित किया। ये सभी गीतकार, राग-बोध की गहराइयों में उतरकर भी, नितान्त निजी और वैयक्तिक नहीं हुए। उदार और उदात्त मानवीय मूल्यों की पक्षधरता के कारण, न तो इनकी दृष्टि में कहीं संकीर्णता का बोध उभरा है और न मानवीय समता-बन्धुता के भावों में ही कहीं भेद-विभेद की धारणाएँ स्थान पा सकीं। छायावादी काव्य-चिन्तन वस्तुतः जिस लोकतान्त्रिक चेतना की पृष्ठभूमि में प्रणोदित एवं उन्मेषित हुआ था, वह 'साठोत्तरी गीत-धारा' में आगे विकसित होने का अवसर पा सकी। ये गीतकार ही, उस उत्तराधिकार को अंगीकार कर उसे उसके पूर्वाग्रहों-पूर्वग्रहों से मुक्त कर, मानव को धरती की महत्तम भूमिका के रूप में अभिव्यक्ति देते रहे। बौद्धिकता एवं रूढ़, सैद्धान्तिकी से अलग रहकर, ये गीत मानवीय मूल्यों की पक्षधरता में साधना-लग्न रहे। मानवीयता एवं मानवीय मूल्यों से उनकी इसी प्रतिबद्धता ने उन्हें सामान्य सहृदय समाज में लोकप्रिय एवं सम्मानित बनाये रखा। यह लोक-प्रतिबद्ध ता इस गीत धारा की प्रमुखतम विशेषता रही है मानवीय सह-अस्तित्त्व में निष्ठावान होने के कारण, ये गीतकार धार्मिक पक्षपात, साम्प्रदायिक कठोराग्रह एवं स्थूल कार्मकण्डिकता से कभी प्रभावित नहीं हुए। एक बन्धुत्व, मैत्री तथा सद्भावपूर्ण मानवीयता में उनकी दृढ़ आस्था, प्रथम दृष्टि में ही सुस्पष्ट हो जाती है।

## गीतात्मकता के प्रति समर्पण का भाव

इस धारा के सभी कवियों ने गीत-रचना को अपने रचनात्मक धर्म के रूप में ग्रहण किया। इनकी दृष्टि में गीत का सम्बन्ध मानव-हृदय के अन्तरीण उदार-उदात्त भावों से है और किसी गीत-रचना की सफलता के लिए, वे कथ्य के प्रति गीतकार के रागात्मक समर्पण को आवश्यक मानते रहे हैं। मानवत्व, मानवीयता एवं मानव हृदय के उदात्त भाव-बोधों में इनकी गम्भीर आस्था रही है। यही कारण है कि समय-समय पर उठते छाते राजनीतिक आन्दोलनों से उनका कोई सीधा जुड़ाव नहीं रहा है। ये गीतकार अपने मूल में, लेखन एवं रचना के स्वातन्त्र्य के पक्षधर रहे हैं। इनकी प्रथम निष्ठा अपने अनुभूत भाव-बोधों से रही है और ये भाव मानवीय 'सत्यं, शिवं एवं सुन्दरम्' से ही लयबद्ध रहे। श्रमिकों, किसानों और शोषितों के प्रति इनमें भी सहानुभूति एवं संवेदना की अनुभूति कम नहीं थी, पर इसके साथ, वे किसी राजनीतिक दल-बद्धता की स्वीकृति-संस्तुति के प्रति भी चिन्ताशील नहीं रहे। जीवन के विचारात्मक-चिन्तनात्मक पक्ष को भी, उन्होंने जहाँ अभिव्यक्ति देनी उचित समझी, उसे शुद्ध विचार और तर्क-रूप में न उगलकर, उसे रागात्मक एवं भावमयता के स्तर पर अनुभावित करते हुए ही, गीत-बद्ध किया। 'छायावादोत्तर' एवं 'साठोत्तर' काल में एकमेव यही हिन्दी-कविता-धारा रही है, जिसने प्राचीन और नवीन, परम्परा एवं परिवर्तन तथा भारतीय संस्कृति की मूल अस्मिता का निरन्तर ध्यान रखा है। रूढ़ि के विरुद्ध और विकास के पक्ष में रचनारत ये गीतकार, विद्राह से अधिक रचनात्मकता को महत्त्व देते रहे हैं। नयेपन की अतिरिक्त ललक और तत्काल प्रकाश-वृत्त में आ जाने की आवसरिक लालसा इन्हें रिझा नहीं सकती। इनकी आदर्शोन्मुखी दृष्टि, यथार्थ-विरहित नहीं, प्रत्युत यथार्थ को सँवार कर आदर्श को साधारता प्रदान करने वाली थी। समन्वय, सन्तुलन, सामंजस्य और समरसता इनकी जीवन-दृष्टि की मूल पहचान रही हैं। तथोक्त क्रान्तिकारी रचनाकार और आधुनिकता-बोध के झण्डाबरदार महन्थ इन्हें भले ही, समझौतावादी और उदारपन्थी रचनाकार कहकर, क्रान्ति की पंक्ति से अलग रखते आये हों, पर समूची साठोत्तरी काव्य-विधा में एक यही धारा दृष्टिगत होती है जो अतिरेकों और सीमान्तों से विलग रहकर, मानवीयता की सहज-तरल चेतना को पोषण देती रही है, जिसने रचनात्मकता के लिए मानव-मूल्यों एवं मूलभूत जीवन-निष्ठाओं को अनिवार्य माना है। अपने ढंग से ये, गीत-विरोधी भावनाओं की अतिताओं से अपने सहृदय-समाज को सावधान करते रहे हैं। इनका विश्वास रहा है कि गीत काव्य की अन्तरतम विधा है जो अन्तःसाक्षात्कार तक ले जाती है—

> "कल्पना के कमल खिलाता है,
> भावना के अमृत पिलाता है।

गीत, कविता की वह विधा जो,
आपको आपसे मिलाता है।"—"राख और पाटल"

## 'साठोत्तरी गीत-धारा' और 'आपातू-काल' तथा अग्र-संघर्ष

स्वतन्त्रता-प्राप्ति का नवोत्साह धीरे-धीरे शिथिल होने लगा। 'राम-राज्य' की दूध-दही की नदियों वाली मधुर कल्पना का आशावाद भी जन-मानस को धुन्धला प्रतीत होता जा रहा था। जीविका विहिन नयी शिक्षित पीढ़ी ने भविष्य की जो स्वर्णिम कल्पना बनाई थी, विकास के अग्र चरणों की जटिलता-संकुलता में वह स्वप्न-भंगता की स्थिति में बदलने लगी। स्वतन्त्रता-संग्राम में किये गये त्याग-बलिदान की पूर्व धारणाएँ, परवर्ती राजनीतिक आचरणों में गड्ड-मड्ड हो उठीं। क्षेत्रीय नेतृत्व के आचरणों, नये मध्यवर्गीय ठेकेदारों एवं संकीर्ण आधारों पर अर्हताहीन अवसरवादियों को प्रविष्टियों ने नयी पीढ़ी के मन में सन्देह और हताशा का कुहासा फैलाना प्रारम्भ कर दिया। राजनीति एवं सत्ता में मत को आकर्षित करने तथा सामूहिक जातीय गठबन्धनों की प्रवृत्तियों ने राजनीतिक नेतृत्व की कलई उड़ा दी। 'इन्दिरा-काल' तक आते-आते, अनेक ग्रन्थियाँ, राजनीति एवं समाज में इस प्रकार जटिल होती जा रही थीं कि शासन को लगा कि उसे कड़ा पड़ने की आवश्यकता है। जनसंख्या के अनियन्त्रित विस्फोट, परिवार नियोजन की योजना, मृत्यु प्रतिशत घटाने की स्वास्थ्य-सम्बन्धी योजनाएँ, भारतीय राजनीति पर निरन्तर बढ़ते जातीय असन्तोष और भाषा-विवाद तथा क्षेत्रीयता की विभाजन वृत्ति आदि कुछ ऐसे हेतु थे, जिनसे समाजवाद एवं 'सार्वजनिक क्षेत्र' के आर्थिक नियन्त्रण के प्रयासों के बावजूद, महंगाई और बेरोजगारी बढ़ती ही गयी। प्रशासकीय निरंकुशता, भ्रष्टाचार की घटनाओं की प्रत्यक्षदर्शिता, फिर भी उसके नियन्त्रण में शासन की अपर्याप्तता और अक्षमता आदि के कारण देश के जन-मानस का परिदृश्य कुहर-मय होने लगा। राजनीति के विरोध-पक्ष ने अपना आन्दोलन उग्र किया। लोकनायक जयप्रकाश नारायण ने भारतीय राजनीति एवं समाज-व्यवस्था में, एक साथ आमूल-चूल परिवर्तन लाने के लिए 'समग्र' क्रान्ति का नारा दिया। इन्दिरा गाँधी के उदग्र एवं प्रचण्ड राजनीतिक मन ने इसे स्वीकार नहीं किया और देश पर सन् 1975 में 'अपना-काल' की घोषणा कर दी। 'राष्ट्रपति शासन' लग गया और देश के कारागार राजनीतिक बन्दियों से भर उठे। आन्दोलनों पर प्रतिबन्ध लगे। स्वयं कांग्रेस ने 'युवा-तुर्क' और लोकनायक के साथ, हजारों-लाखों विरोधकर्ता कारा-बद्ध कर दिये गये। जनता ने इसे इन्दिरा गाँधी की निरंकुशता माना। आपात्काल का एक प्रबल पक्ष था नागरिकों के विचाराभिव्यक्ति स्वातन्त्र्य पर प्रतिबन्ध। प्रेस, समाचार-माध्यमों तथा ऐसे राजनीतिक आयोजनों पर अंकुश लग गये, जिनसे राष्ट्रपति शासन के कार्यों में अवरोध अनुभव हो। लेखन और रचना तो

अधिकतम स्वातन्त्र्य के क्षेत्र होते हैं, जहाँ उनकी स्वतन्त्रता को बाधित करने का अर्थ होता है, सीधे रचना-धर्म, कला और अभिव्यक्ति की स्वतन्त्रता का निर्दलन। ऊपर से एक नीरवता-भरी चुप्पी दिखी, पर भीतर ही भीतर, जन-मानस में असन्तोष की आग बढ़ने लगी। इसके बाद पुनः 'महानिर्वाचन' की घोषणा हुई और जनता ने इस आपातूकाल के विरुद्ध अपना अभिमत दिया।

इस आपातूकाल में राजनीतिक पक्षधरता के लेखक-विचारकों ने या तो किसी बहाने से मौन का आश्रय लिया अथवा प्रकट प्रतिभागिता के कारण कारा में ही बन्द रहे। इसकी सबसे अधिक चोट उन रचनाकारों में अपेक्षित थी, जो राजनीति नहीं, पर मानवीयता, स्वतन्त्रता और सह-अस्तित्त्व से प्रतिबद्ध थे। कहते हैं कि जब हर ओर से जन की जीभ पर मौन का ताला लटक जाता है तो उस समय केवल एक जीभ होती है, वह है कविता। स्थूल विधिक बन्धनों और वाचिक नियन्त्रणों के सास्तित्त्व होने पर भी, कविता मन की बात मन तक सम्बोधित कर देती है। हिन्दी-कविता के भी वे ऐसे ही दिन थे। 'नयी कविता' और 'साठोत्तरी' कविता की अन्य विधाओं के नये प्रतीक, परोक्ष बिम्ब और 'साठोत्तरी' कविता की अन्य विधाओं ने नये प्रतीक, परोक्ष बिम्ब और सीधी-टेढ़ी पंक्तियों की मुक्त छान्दसिक रचनाओं में उसे उभारने का प्रयास किया। 'साठोत्तरी' गीत-धारा के गीतकारों के पास तो गीत की ही विधा, भाषा एवं शैली थी। मानववादिता एवं मानवीय मूल्यों के प्रहरीत्व की भूमिका में, कदाचित् उन्हें सबसे अधिक इसकी पीड़ा होनी थी। उस समय रूप, शृंगार, प्रेम, सौन्दर्य-बोध, करुणा और पीड़ा पूर्व अभिव्यक्ति-पथों से विराम लेकर, ये गीतकार भी इस स्वातन्त्र्य-यज्ञ में अपनी गीताहुति देने लगे–

"धार बह ही गयी देखते-देखते,
हम ठगे से किनारा लिए रह गये।
बाँह के द्वार पर चाँद उतरा नहीं,
हम नयन पर सितारे लिए रह गये।
चाहता था, धरा की रचूँ जिन्दगी,
बात मेरी गगन की अधूरी रही।"

धर्मवीर भारती ने जब स्वयं अपनी 'आपात' सम्बन्धी रचना 'मुनादी' छापी तो एक तहलका मच गया। भाषा की प्रतीकात्मकता भले ही कुछ जटिल और द्वयर्थक थी, पर जनता और पाठकों ने अपने जलते जन-मानस में उसका वही अर्थ लिया, जो व्यंग्य और अपेक्षित था। गीतकार श्रीकृष्ण तिवारी ने राजा के अज्ञान में ही, भीलों के वन बाँट लेने का गीत रचा–'भीलों ने बाँट लिए वन, राजा को ख़बर तक नहीं।' इसी प्रकार डॉ. नीरज, वीरेन्द्र मिश्र और गीतकार सोम ठाकुर ने भी आपात् के विरुद्ध अपनी गीत-संवेदनाएँ व्यक्त कीं। काली अमा-रात के बाद, पुनः उजियाली

चाहों के चन्दा के अभ्यागमन में उनका विश्वास अभी भी अटूट था–

"चाह के चकोरे मत रो कि रात काली है,
उजियाली चाहों का चन्दा फिर आयेगा।"

'आपातूकालीन' गीतकारों की रचनाओं में ऊष्मा जगी, असहमति एवं असन्तोष के स्वर उनमें भी प्रस्फुटित हुए, पर उनकी भाषिक संरचना और बिम्ब-प्रतीक-योजना में न तो द्वयर्थकता रही और न कहने की निष्ठा और अभिव्यक्ति की गोपनशीलता का तनाव ही हावी हुआ। अपने गीत-रस में उन्होंने अपने असन्तोष और विरोध का प्रकटीकरण किया। लोक-नायक और तात्कालिक जन-नियति ही उनके गीतों का मुख्य कथ्य बने। उत्तर प्रदेश और बिहार से आपातूकालीन कविता-गीतों के अलग-अलग संकलन भी प्रकाशित हुए। इन संकलनों में, ध्यान देने की बात है कि गीतकारों के गीत-प्रगीत ही प्रचुर संख्या में संगृहीत हुए हैं। 'नयी कविता' के अधिकाधिक रचनाकार इन संकलनों में योगदान से अलग रहे। लोक-प्रवणता, समाज-सम्बद्धता एवं सह-जीवन में उनकी सहज सम्मिलित ने उन्हें इस आपात का सर्वाधिक आघात अनुभव कराया। जब तक डॉ. शम्भुनाथ सिंह 'नवगीत' के परवर्ती आन्दोलन से एकान्तबद्ध नहीं हुए थे, उनके गीतकार ने भी आपातूकालीन घुटन को वाणी दी। यह 'नवगीत' नाम एवं इस विधा की गीतात्मकता के परिप्रेक्ष्य में भी, इस साठोत्तरी गीत-धारा का बड़ा महत्त्व है। संरक्षिका माता की भाँति, इसी धारा ने अनेक विरोधों-अवरोधों के होते हुए भी, गीत की 'गीतिमा' को सुरक्षित रखा था। स्वयं 'नयी कविता' और साठोत्तरी गीतेतर काव्य-धारा के कवियों ने गीत-विधा के औचित्य एवं प्रासंगिकता पर ही प्रश्न-चिह्न लगा रखा था। हिन्दी खड़ी बोली-गीतिमा के मूलतत्व, इसी साठोत्तरी गीत-धारा में अब भी अनुस्यूत, पोषित एवं विकसित हो चुके थे। जब 'गीत' जीवित-संजीवित थे, तभी तो 'नवगीत' की अगली कड़ी का कोई ऐतिहासिक प्रसंग बन सकता था। इस दृष्टि से ये साठोत्तरी गीत ही 'नवगीत' की आधार-भूमि और उसके जनक कहे जाएँगे।

## खुरदुरे यथार्थ को गीतायित करने के प्रयास का आरम्भ और लोकधर्मिता

लोकधर्मिता 'नवगीत' के पूर्व ही इन गीतों में आ चुकी थी, जो नवगीत को उत्तराधिकार में प्राप्त हुई थी। कुछ लोगों को यह भ्रम हो सकता है कि नवगीत जिस खुरदुरे युगीन यथार्थ एवं तथ्यों को समेटते हुए, सामान्य परम्परा-विकसित गीत से अपने अलग अस्तित्त्व की पहचान बनाता है, वह प्रथमतः अथवा आद्यतः 'नवगीत' का अपना ही प्राथमिक प्रयास है। रचनाओं के प्रकाशित के काल-क्रम एवं उनके पूर्वापर्य को देखते हुए, यह स्पष्ट हो जाता है कि परम्परा-विकसित उस गीत-धारा ने ही, जो 'साठोत्तरी गीत-धारा' के रूप में आगे पहचानी गयी है, युग-जीवन के तथ्यपरक

खुरदुरे यथार्थ को भी अपने गीतों में समेटने और उन्हें गेय बनाने के प्रयास का आरम्भ किया था। डॉ. क्षेम के 'नीलम ज्योति और संघर्ष' के 'संघर्ष-तरी' खण्ड के गीत, इस दिशा में इसके प्रतयक्ष उदाहरण कहे जाएँगे। 'संघर्ष-संवेद' (आधुनिक कवि : डॉ. श्रीपाल सिंह क्षेम) में जीवन को सतत प्रवाहित चेतना के साथ, यथार्थ के बदलते खुरदुरे वैषम्य को स्वीकार कर उन्हें अंगीकार्य बनाने की प्रवृत्ति का दिग्दर्शन हो चुका था। यह सन् 1951-55 का ही काल था। आँधी-तूफान और परिवर्तन भी जीवन के अनिवार्य अंग हैं, जिनमें संघर्ष करते हुए जीवन-संवहन एवं अग्रसारण ही मानव का धर्म है–

"आँधियों-तूफान में चलना हमारा कर्म, संगिनी।
मानता, संघर्ष करना का धर्म, अंगिनी।।
× × ×
सृष्टि के निर्माण का इतिहास रुक जाएगा नहीं,
इसलिए आँधी उड़ाती आ रही है जिन्दगी।।"

'संघर्ष-तरी' के 'जिन्दगी का गीत', 'धरती का गीत' और 'झोंपड़ी का गीत' रचनाओं में व्यक्तिगत प्रेम, विरह-मिलन और हर्ष-विषाद से विस्तृत होकर यह सहज-विकसित गीत-धारा युगीन पीड़ा और विषमताओं को भी गीतबद्ध करने लगी थी। 'संघर्ष-संवेद' खण्ड में ही 'चाह के चकोरे मत रो' में गीतकार की प्रबल जीवनास्था प्रस्फुटित हुई है–

"इस शोषी जड़ता के खोखल बरगद-ऊपर,
सोये हैं भय के शकुनों के भावक अमुखर।
लड़ते गीधों के पंखों की तीखी फड़फड़,
खड़-खड़ कर झरते हैं तम के पत्ते चूकर।।
दमकेगा फिर यह इतिहास का अस्ताचल,
पूनम की बाँहों का चन्दा फिर छाएगा।"

इन गीतकारों ने भी नयी परम्परा की 'प्रसव-पीर' और 'नवदिन के जयी सूरज' की वन्दना में झुकी प्रकृति का भी पूर्वानुभव किया था। ये नये खुरदुरे बिम्ब देखे जा सकते हैं। यह इस गीत-धारा के लोक-समर्पण का ही लक्षण है–

"धुन्ध-भरी बन्दिनी दिशा खुली,
कुहरे की घेर रही बाँह में,
मुक्त किरण जागरण किरण चली
अँगड़ाती अम्बर की छाँह में।
महक रही शीत से घुली धरती
रतनारी किरणों के धार-छिली।"

इन गीतकारों की परवर्ती पीढ़ी में आये देवेन्द्र बंगाली, रमानाथ अवस्थी, रामावतार राही (दिल्ली), कैलाश वाजपेयी तथा रमेश रंजक आदि से लेकर श्रीकृष्ण तिवारी और बुद्धिनाथ मिश्र तक इन खुरदुरे सत्यों और सामाजिक विसंगतियों के प्रति गीत-लेखन करते रहे हैं। स्वयं डॉ. शम्भुनाथ सिंह और ठाकुर प्रसाद सिंह भी इस नवचेतना के प्रहरी और उद्‌गाता रहे हैं, पर 'नवगीत' आन्दोलन को जब उन्होंने नयी कविता से अलग किया तो इस सहज रूप में विकसित साठोत्तरी गीत धारा को भी उन्होंने अपने से अलग ढकेल दिया। नवगीत हिन्दी गीत-धारा की एक ऐतिहासिक परिणति हो सकता है, पर तात्कालिक आवेग की तीव्रता और अपनी सर्वथा अलग-अलग पहचान के लिए, डॉ. शम्भुनाथ सिंह के नेतृत्व वाली 'दशक-परम्परा' ने इस निर्ममता को अवसर की आवश्यकता समझी और उसे अछूता-सा अलग कर दिया। अब धीरे-धीरे वह उग्र प्रतिक्रिया शान्त हो रही है और साठोत्तरी गीत-धारा तथा 'नवगीत' स्वतः एक-दूसरे के निकट आ रहे हैं। डॉ. सुरेश गौतम (दिल्ली) और प्रो. 'इन्द्र' का योगदान भी इस दिशा में महत्त्वपूर्ण माना जाएगा।

इस प्रकार सन् 1940 में छायावाद के चरमोत्कर्ष के उतार के साथ, उसके पश्चात 'छायावादोत्तर मानव-मुखीगीत-धारा' के नाम से जो गीत-परम्परा, प्रगति और प्रयोग तथा 'नयी कविता' के विरोधों के बीच से उबरकर सन् 1960 के पश्चात भी, नाना शिविरवादी आन्दोलनों के बीच अपना अस्तित्त्व अक्षुण्ण रखने में समर्थ हो सकी, वह सन् 1990 और उसके बाद भी आज तक प्रवाहित है। उसे न 'नवगीत' कहकर व्याख्यायित किया जा सकता है और न 'अ-गीत' कहकर ही पहचनवाया जा सकता। वह 'गीत' ही है और छायावाद के गर्भ से फूटकर, स्वतन्त्र नवभूमि पर प्रसरित होकर, इतिहास के मोड़ों के साथ, आगे भी प्रवाहित हो रहा है। इसे परम्परा-विकसित गीत भी माना जा सकता है, क्योंकि इसने अपने रचना-धर्म और कथ्य-विषय से अतिरिक्त, न तो किसी आयात में आस्था निष्ठित की और असमय आधुनिकता के जगमग आवरण से ही अपने को समावृत किया। जैसे एक जीवन्त परम्परा आगे जीवन्ततर बनने की चेष्टा में आगे बढ़कर भी अपने ऊर्जा-स्रोत एवं अस्तित्व-मूल से, अपने को विच्छिन्न करने का चेष्टित प्रयास नहीं करती, उसी प्रकार यह गीत-धारा भी, अनुकूलता-प्रतिकूलता की सम-विषम भूमियों पर प्रवाहित होती अपना गीत-धर्म निभाती तथा अपनी सार्थकता एवं प्रासंगिकता को सिद्ध करती आ रही है। 'मुक्तक' बिखराव एवं 'प्रबन्ध' सम्बद्धता की कविता-विधा है। 'गीत' भी स्वरूपतः मुक्तक अथवा स्फुट कविता-विधा ही है, पर अन्य मुक्तक काव्य-विधाओं से यह भिन्न भी है। यह अपने में एक सांगोपांग तथा सघन इकाई होती है। इसी सांगोपांगता तथा सघनता के भीतर प्रबन्धात्मकता की सम्भावनाएँ ही निहित होती हैं। जिस प्रकार 'प्रसाद' जी 'कामायनी', निराला जी 'राम की शक्ति-पूजा' तथा

'तुलसीदास' और पन्त जी 'लोकायतन' तक पहुँचे, उसी प्रकार यह छायावादोत्तर एवं साठोत्तर गीत-धारा भी प्रबन्धात्मकता का संस्पर्श कर रही है। 'नयी कविता' में वे ही कवि प्रबन्ध और कथाधृत प्रलम्ब कविताओं तक गये, जो प्रथमतः, मूलतः अथवा पूर्णतः गीतकार थे। धर्मवीर भारती और नरेश मेहता इसके उदाहरण हैं। गीतकार 'क्षेम' और भारत भूषण में भी, इस बीच प्रबन्धात्मकता की प्रवृत्ति प्रकाशित हुई है। डॉ. 'क्षेम' का 'कृष्ण-द्वैपायन' महाकाव्य और भारत भूषण की 'राम की जल-समाधि' लम्बी रचना, इसी स्तर पर महत्त्वपूर्ण हैं। सोम ठाकुर तथा रमानाथ अवस्थी स्फुट गीत ही लिखते गये हैं।

साठोत्तरी गीत-धारा के सभी वरेण्य गीतकारों के गीतों का अपना-अपना साँचा और अपनी-अपनी विशिष्ट अस्मिता है। इसका यह ऐतिहासिक अवदान है कि गीत-विधा, हिन्दी कविता में निरस्त एवं अप्रासंगिक नहीं हो सकी और वह छलककर 'नवगीत', 'अ-गीत' तथा 'जनगीत' जैसी विधाओं में आज भी अजस्र है।

# श्रीपाल सिंह 'क्षेम' की रचनाधर्मिता

श्रीपाल सिंह 'क्षेम' एक ऐसे गीतकार हैं जिन्होंने गीत लिखने के बाद पाण्डुलिपियों की सुरक्षा में बहुत ढीले थे। हिन्दी साहित्य सम्मेलन, प्रयाग द्वारा प्रकाशित काव्य-संग्रह 'आधुनिक कवि' (22) श्रीपाल सिंह 'क्षेम' के आत्म-कथ्य में कवि ने स्पष्ट किया है कि जौनपुर के बाढ़ के बाद उनकी समीक्षा की पाण्डुलिपि 'कामायनी कर्षण' और 'प्रगति, प्रयोग तथा मानव' तथा लगभग 51 मुक्तगीतों की पाण्डुलिपि को दीमक (वाल्मीकि) चट कर गये थे। सन् 1967 से 1973 के बीच की रचनाओं की पाण्डुलिपि-गुटिकाएँ कवि की कवि सम्मेलनीय यात्राओं में विलुप्त हो गयी। कवि के गीत-लोक की दूसरी दुर्घटना भी इसी प्रकार की है जहाँ कवि के नव विकसित गीत और 'मुक्त-गीत' की हस्तलिखित पाण्डुलिपि पर मीठी दवा गिर गयीं थी और उसे दीमक चाट गये थे, नौकर ने जब उसे झाड़ा तो मिट्टी मिले पन्ने तार-तार होकर विनष्ट हो गये। इसी बीच कवि की प्रथम पत्नी श्रीमती भागमानी सिंह का डेढ़ वर्ष की रुग्णता के बाद ल्यूकोमिती से निधन हो गया। इस विपत्ति में बच्चे छोटे थे और उनके परिवार और बन्धु-बान्धवों का उचित परिपोषण सम्भव न हो सका। इन सब घटनाओं ने क्षेम की रचनाधर्मिता को अँधेरी गर्त में मिला दिया। क्षेम की रचनाधर्मिता का व्यवस्थित अध्ययन कर पाना कदापि सम्भव नहीं हो सकता क्योंकि काव्य-रचना, प्रकाशनवर्ष को दृष्टि में रखकर किया गया अध्ययन उचित नहीं हो सकता। इस कठिनाई में भी उनकी रचनाओं की समझदारी से चर्चा करने का प्रयास कर रहा हूँ। क्षेम रचनावली (भाग-6) में सन् 1940-41 से प्रारम्भ होने वाले 'अन्तर्ज्वाला' के गीत भी हैं तो दूसरी ओर 'जीवन-तरी' के गीत तथा 1974 में रचित 'जयप्रकाश नारायण के प्रति' गीत भी है। इससे उनके अध्ययन में कठिनाई स्वाभाविक है किन्तु 'आधुनिक कवि-22' में काव्य का व्यवस्थित क्रम आ पाया है। इसे आधार बनाकर क्षेम की रचनाधर्मिता का विवेचन-विश्लेषण करना ही उचित है।

### 1. 'अन्तर्ज्वाला'

'अन्तर्ज्वाला' काव्य संग्रह में क्षेम के कवि बनने के समय के गीत हैं। इसमें उनकी

प्रारम्भिक कविताएँ संकलित हैं किन्तु इसका प्रकाशन 1973 ई. में हुआ। 'अन्तर्ज्वाला' नामकरण में ही स्पष्ट है कि उसकी प्रेरणा-भूमि में छायावादी काव्यधारा अवश्य रही है। 'ज्वाला', 'अन्तर्ज्वाला', 'अन्तर्वेदना' आदि शब्द छायावाद के कवियों ने ग्रहण किये हैं। क्षेम का जन्म ही छायावाद युग में हुआ और उनकी रसमय प्रवृत्ति और जीवन-शैली छायावादी परिकल्पना को साकार करती है। इस संग्रह में छायावाद की सी कविताएँ हैं। संग्रह के गीत में छायावाद की समानता है–

"मैं व्यथाओं में पला हूँ, वेदना संसार मेरा!
एक तरु की शुष्क शाखा पर विसुध मुस्कान फूटी!
वह मुकुल, प्रारम्भ से जिस पर अटल तमराशि छूटी!
सान्ध्य किरणों ने किया है अश्रु से शृंगार मेरा!!
मैं व्यथाओं में पला हूँ, वेदना संसार मेरा।।"

प्रकृति सौन्दर्य के प्रति उनकी अनुभूतियाँ प्रकृतिपरक न होकर मानवपरक हैं–

"एक वीरन के बिना जो पर्व पर चौमास रोती
वह बहन ही आँसुओं से आज प्रस्तर है भिगोती।"

प्रकृति सम्बन्धी रचनाओं में मानव सापेक्ष प्रकृति का चित्रण हुआ है–

"मुस्काते हैं सुमन सुरभि के झूम रहा बेलियाँ सभी,
अपने भी इस जीवन बन में आओ तो ऋतुराज कभी।"

'क्षेम रचनावली भाग-6' में संकलित सन् 1941 ई. का गीत आत्माभिव्यक्ति का सुन्दर उदाहरण है जहाँ कवि के अन्तः की 'कसक' विद्यमान है–

"न गा पाया सुख के दो गान!
मुदित रजनी सज तारक-हार,
रूपहली किरणें ले उपहार,
मिलन की अन्तर में भर साध,
हृदय को लेकर आकुल प्यार
पास आयी ही थी, फिर गयी
अश्रु-सीकर का दे सहदान!
न गा पाया सुख के दो गान!!"

इस गीत की आत्माभिव्यंजकता में कवि पन्त की याद स्वाभाविक है। इसी प्रकार कवि ने 'कवीन्द्र रवीन्द्र के प्रति' भी गीत लिखे कारण था कि न केवल भारत बल्कि पूरे विश्व में रवीन्द्रनाथ टैगोर की धूम मच चुकी थी। उससे प्रभावित होकर काव्य-रचना स्वाभाविक है। जवाहर, बापू, जयप्रकाश के प्रति भी काव्य-रचना हुई।

बौद्धिक जटिलता और दार्शनिक घटाटोप से अलग क्षेम का किशोर कवि ऐसा लगता है कि ठोस नींव डालने का प्रयत्न करता है। 'अन्तर्ज्वाला' में प्रेम और सौन्दर्य,

प्रकृति, नये शब्दों का कलात्मक प्रयोग और सहज प्रतीकात्मकता का प्रादुर्भाव हुआ है।

## 2. 'नीलम-तरी'

'नीलम, ज्योति और संघर्ष' सन् 1954 में प्रकाशित 58 गीतों का संग्रह है। इस रचना में 1942-44 ई. के गीत हैं। क्षेम जी 'गीतों के राजकुमार' कहे जाते हैं। इनके गीतों में गीति काव्य की समस्त विशेषताएँ विद्यमान हैं। कवि प्रकृति साहचर्य के माध्यम से अपनी मानवी प्रिया को स्मृति रूप में ले आते हैं–

"बादल के पीछे झूम उठी वह परछाई!
रो उठे प्राण, फिर आज किसी की सुधि आई!!
आती केशों की श्याम उमड़ती घन-छाया,
बिजली में आँचल छोर किसी का लहराया,
घिर रही पुतलियों में किसकी अंजन-रेखा,
भर उठे प्राण, फिर आज किसी की सुधि आई!"

गीति-काव्य के केन्द्र-बिन्दु में आत्मनिष्ठता होती है। वैयक्तिक अनुभूतियाँ काव्य में ढलकर आती हैं। वैयक्तिकता से प्रेरित गीत–

"मैं गान गा रहा हूँ!...
नीलम-नयन-तरी में भर मंजु स्वप्न कंचन
उषा-नगर चला था अनुकूल पा पवन-मन,
× × ×
मैं आज अर्चना का खँडहर जगा रहा हू!
मैं गान गा रहा हूँ।"

क्षेम जी के गीत प्रायः 'मैं' और 'तुम' के बीच घूमते रहते हैं।

## 3. 'ज्योति-तरी'

'नीलम, ज्योति और संघर्ष' का खण्ड 'ज्योति-तरी' में गीत-प्रगीत का रचनाकाल 1944 ई. से 1948 ई. के आसपास का है। 'निशा की उषा-राह से मैं किसी प्रेरणा-सा, विसुध लहराता जा रहा हूँ।' कहकर कवि आत्माभिव्यक्ति का चित्र प्रस्तुत करता है। और किसी के चरण चिह्न पर कहानी बनकर बरसता जाता है। इसी प्रकार प्रकृति को मानवीय स्वरूप देना कवि की विशेषता है–

"गगन में धवल चाँद मुसका रहा है, धरा पर तरुण इन्दु
मुसका रहीं तुम!
सुधा की पुलक-सी अलस रश्मि ढलकर
खिली आ रही पंखड़ी में पिघल कर।।"

आकाश में जहाँ चाँद मुसकराता है तो धरा पर इन्दु का मुसकाना अत्यन्त सार्थक है। पंखड़ी और सुधा को रूपायित करके कवि ने एक सुन्दर चित्र का निदर्शन करा दिया है। प्रिय ही हृदय का दीप और नयन का गान है।

समय के अन्तराल में जीवन की रिक्तता का बोध कराने वाला गीत में दूरियों की चर्चा है। पास होने पर भी मजबूरियाँ हैं, वह निकट रहकर दूर भी है–

"आज यह गीत सुन लो, कल न शायद गा सकूँ मैं!
हाय, हममें और तुममें दूरियाँ कितनी अधिक हैं?
पास होकर भी प्रिये, मजबूरियाँ इतनी अधिक हैं!!"

आकाश में प्यार की चाँदनी खिली है गगन-फूल मधु हास में है, सुरभि साँस और यक्षिणी का मधुर लास चित्ताकर्षक है। गीत में भाव-प्रवणता और प्रवाह है। 'नयनों का गीत' में कवि की कल्पना में सुषमा के घन का बरसना और मन का नीरस छन कर बहना सुन्दर है। इसके बाद यदि गीत का वास्तविक स्वरूप देखना है तो गीत की पंक्तियाँ हैं–

"चाँदनी, पाश में तुम सोयी, आकाश चाँदनी बरस रहा है!
हँसते सपने चुपचाप बँधे–
मुकुलित पलकों की कारा में!
भावना विसुध डूबी जाती
अधरों की मधु स्मिति-धारा में!!"

चाँदनी का पाश में सोना और आकाश का चाँदनी बरसना में मानवीय सौन्दर्य-बोध का उदात्त रूप प्राप्त होता है। 'बरस रही बरसात' गीत में पलकों की अलका को छूना और मतवाले मेघ का सन्देश वाहक बनना में अतिशय भावप्रवणता है।

### 4. 'जीवन-तरी'

कविकर क्षेम का प्रकाशन की दृष्टि से 'जीवन-तरी' उनका प्रथम गीत संग्रह है। इसका प्रकाशन 1952 ई. में हुआ और इसकी भूमिका आचार्य नन्ददुलारे वाजपेयी ने लिखी है। अपनी ओर से कवि ने लिखा है कि–"मैंने सन् 1938 के लगभग लिखना प्रारम्भ किया और कुछ-न-कुछ अब तक लिखता आ रहा हूँ; पर प्रकाशित संग्रह के रूप में 'जीवन-तरी' मेरी रचनाओं का प्रथम संकलन है।" इनका दूसरा गीत संग्रह 'नीलम ज्योति और संघर्ष' है जिसका प्रकाशन 1954 ई. में हुआ है किन्तु कविता की रचना-भूमि की दृष्टि से विकास-क्रम को दिखाने के लिए मैंने गीतों की समय सीमा को आधार बनाना आवश्यक समझा है और 'नीलम ज्योति और संघर्ष' के तीनों भागों को अलग कर देखने का प्रयत्न करना चाहा है। 'संघर्ष-तरी' की रचनाएँ

'जीवन-तरी' के बाद की हैं इसलिए 'संघर्ष-तरी' का विश्लेषण-विवेचन इसके बाद ही सम्भव करना समीचीन होगा।

**प्रेम भावना**–'जीवन-तरी' के गीतों में प्रेम-भाव की व्यंजना है। इस प्रेम-भाव में त्याग, आचरण, आस्था और विश्वास का समवेत रूप दृष्टिगत होता है। इन गीतों में प्रेम तत्त्व कल्पना की उड़ान मात्र नहीं है। इसके जीवन-बोध में पारिवारिक दायित्व-बोध भी सन्निहित है। गीतकार की जिजीविषा और जीवन संग्राम को नया परिदृश्य प्रदान करने में वह सफल रहा है–

"हुआ क्या अगर घोर तम पथ घेरे,
रुकी है निशा, मौन-सी हैं दिशाएँ।
विरह-योग में एक रस झिलमिला,
प्रिये वह प्रणय-चाँदनी मैं बिछाऊँ।"
हृदय है कि जिसमें भरी शक्ति ऐसी,
कहीं एक पल, एक युग-सा बनाऊँ।।"

प्यार घर-गृहस्थी के बीच जीवन के विकास का सम्बल और रचनात्मक मानवीय मूल्यों का संवाहक होता है। ऐसा प्रेम भाव, नीरज, वीरेन्द्र मिश्र, भारत भूषण और सोम ठाकुर जैसे गीतकारों में नहीं मिल पाता है। इसका कारण है कि क्षेम का गीतकार भारतीय संस्कारों का उज्ज्वल प्रेम अपने में समाहित किये है, वह उच्छृंखल तथा भोगी नहीं बल्कि मिटने की भी निष्ठा रखता है–

"वर दो, तेरे ही सपनों की सन्ध्या में जीवन-तट छूटे।
वर दो, तेरी ही सुधियों में साँसों की अन्तिम लय टूटे।"

'रूप' को कवि ने 'अरूप' सौन्दर्य का आधार माना है। मानवीय रूप और प्रकृति-रूप उसकी सौन्दर्यानुभूति के मूलाधार हैं। कुछ पंक्तियों के बाद ही सौन्दर्य-बोध व्यापक हो जाता है जो मन की आँखों से देखा-भोगा सौन्दर्य बन जाता है। इसे मात्र रोमानी, काल्पनिक और शरीरी कहना उचित नहीं है–

"तुम जगाओ रूप के हर तार से! मैं जगूँ अनुभूति की झंकार से!"
"तन का नींद छोड़कर बेसुध, लिए ज्योति की प्यास नयन में;
मन का पंछी लय-पंखों पर उड़ा जा रहा रूप-गमन में।"

ये पंक्तियाँ कवि के व्यापक सौन्दर्य-बोध को प्रमाणित करने में समर्थ हैं। यह ज्योति भीतर की गहराई को जगाती है।

**प्रकृति-सौन्दर्य**–गीतकार का प्रकृति-सौन्दर्य-बोध छायावाद के मानवीकरण तक ही सीमित न होकर वह मानव और प्रकृति में समरस होकर मानवीय अनुभूति की सशक्त व्यंजना को प्रभावी बनाता है। प्रकृति-रूप का सौन्दर्य-बोध मानव-चेतना में प्रतिफलित होता है। कवि का भाव प्रकृति के साथ तथा प्रकृति भाव के साथ क्रीड़ा

करती है, यह 'जीवन-तरी' के गीतों के प्रकृति चित्रण की प्रमुख विशेषता है। यहाँ प्रकृति का भयावह और उग्र रूप भी नहीं है। इन्हें 'प्रगीत' न कहकर 'गीत' कहना उचित है क्योंकि इसमें वस्तुवत्ता न होकर भाववत्ता ही प्रमुख है—

" 'जब मुस्कराया चाँद, छायी झिलमिली,
नव ज्योतिमा से खिल गयी नभ की गली।'
'रस में उमड़ आयी थिरकती नभ-अटा,
रिमझिम स्वरों के बादलों वाली घटा।' "
"निशा आ रही है, तिमिर छा रहा है,
विभा छा रही है, दिवस आ रहा है;
उषा-साँझ की रागिनी पर सँजोए,
किरण-बाँसुरी में गगन गा रहा है।"

इसी प्रकार काव्य-पंक्तियों को उद्घाटित किया जा सकता है—

'सुधा-स्नात चाँदनी बरसकर अलसया-सा चाँद जा रहा।'
'गन्ध-विभोर चला जाता है मन्थर-बेसुध वात।'

यहाँ छायावाद के दार्शनिक रहस्यवाद प्रकृति-चित्रण से हटकर प्रकृति के प्रति मानवीय-मूल्यों और समरसता की ओर सहज विकास दृष्टिगोचर होता है। यहाँ कवि ने प्रकृति के अतीन्द्रिय अथवा ऐन्द्रिय चित्रण से विलग हृदय सम्पृक्त प्रकृति चित्रण पर बल दिया है।

शिल्प और भाषिक संरचना भाषा की दृष्टि से 'जीवन-तरी' सरल, रस-स्निग्ध, प्रांजल और तत्सम प्रधान रही है। यहाँ पर कवि भारी भरकम शब्दावली और उर्दू के शब्दों के प्रयोग से बचता दिखाई देता है। कहने का तात्पर्य है कि केवल तत्सम ही नहीं बल्कि काव्य में सोंधापन लाने के लिए कवि ने 'कजरारे', 'रतनारे', 'धुधुवारे', 'सुधि', 'साँझ', 'विहान', 'बरसात', 'ईंगुरी', 'सिन्दूरी', 'धरती', 'पुरुवा', 'पियासा', 'सपन' और 'अधखिल' आदि शब्दों का प्रयोग गीतों में किया है। भाषा में सामासिकता है। नये ध्वन्यात्मक शब्दों का चयन भाषिक संवेदना को प्रकट करता है। 'अरमान', 'निशानी, 'रवानी' और 'चाव' जैसे उर्दू के प्रचलित शब्द भी स्वीकार किये गये हैं। काव्य में विशेषण वक्रता भी है। 'जीवन-तरी' की भूमिका में आचार्य नन्ददुलारे वाजपेयी ने लिखा—"भाषा के माधुर्य और लाक्षणिकता में, कल्पनाओं की सज्जा और रूपमत्ता तथा भावों की तरल और स्वच्छन्द गति में ये गीत तरुण कवि के कितने उपयुक्त हैं और हिन्दी की गीत-शैली की नवीन कड़ियों का कैसा सुन्दर निर्माण और संगुम्फन करते हैं। बिना किसी बौद्धिक चेष्टा या उपचार के भी इनमें कितना स्वाभाविक आकर्षण और मोहकता है।"

ध्वनिमयी पदावलियाँ, लाक्षणिक और सांकेतिक विशेषण, प्रवाहमयता एवं

सम्बोधन को कवि भली-भाँति प्रयुक्त किया है। उदाहरणार्थ—

1. 'प्यार से भीगी धरा, जग रसमसाया'
2. 'सिहर सो गये सुख-लहरों पर पीड़ा के जलजात,
   तरंगिनि, आज मिलन की रात।'
3. 'छिपते स्वप्न, हंस-पंखों से उतरा स्वर्ग-प्रभात,
   प्रात-मयि, खोलो अपने द्वार।'

काव्य-भाषा को यदि देखा जाय तो उत्तर छायावादी कवियों की अभिधा प्रधान भाषा से हटकर क्षेम की भाषिक संरचना और बिम्ब-योजना है। ये छायावादोत्तर-युग के सहज गति विकास के स्पष्ट चिह्न हैं। यह मानवमुखी गीतकार मौलिक चेतना, नूतन मूल्य, प्रेमानुभूति, मानवीयता, सौन्दर्य चेतना, प्रतिबद्धता एवं दायित्वबोध की दृष्टि से नये बोध से अनुप्राणित है।

## 5. संघर्ष-तरी'

'संघर्ष-तरी' के गीत आत्मनिष्ठ भावभूमि से विस्तृत आयाम के गीत हैं। इसमें परिवेशगत सामाजिकता, लोक-बोध, लोक लयात्मक और जन-बिम्बात्मक रचनाएँ हैं। गीत-विधा को नवलेखन में जो अनुपयोगी और संकीर्ण घोषित कर दिया गया था, इसी सन्दर्भ को दृष्टि में रखकर गीतकार 'क्षेम' ने गीत-विधा की बृहत्तर उपादेयता और जीवन-संघर्ष की सम्भावनाओं की खोज की है। यहाँ पर गीतकार ने अपने गीतों के माध्यम से एक प्रकार से स्पष्टीकरण भी दिया है। यहाँ देशी भाव-भूमि और सोंधी गन्ध से जुड़ने की लय है। इसकी भाषिक संरचना में तद्भव लोक-शब्द-रूपों, जन-बिम्बों एवं लोक-लयों को रूपायित करने की प्रवृत्ति दिखाई देती है।

गीत-साधना के प्रति क्षेम की राग-निष्ठा और समूची अस्मिता समर्पित है। जीवन की मूल प्रवृत्ति में 'गान' और प्रमुख कवि-कर्म के रूप में गीत को अंगीकार किया है—

"गा रहा हूँ और गाती आ रही है जिन्दगी!
आँधियों-तूफान में चलना हमारा कर्म, संगिनि!
मानता, संघर्ष करना चेतना का धर्म, अंगिनि!
लक्ष्य अपने में स्वयं ही यह न हो सकता कभी भी,
इस सतत संघर्ष का है एक प्यारा मर्म, रंगिनि!
भूल जाए सर्जना-गायक न अपना स्वर कहीं,
इसलिए सरगम बजाती आ रही है जिन्दगी!"

गीत-विधा के अस्तित्त्व पर प्रहार हो रहा था। प्रयोगवाद ने जहाँ मुक्त छन्द को मान्यता दी वहीं नयी कविता छन्द-मुक्त रचना की आग्रही रही है। युग के जटिल

यथार्थ और बौद्धिकता के दबाव में गीत का निषेध किया जा रहा था। छायावाद को गतानुगतिकता के हवाले किया जा रहा था और कहा जा रहा था कि गीत की आत्मा और कलेवर बासी हो गये हैं। इस विषम परिस्थिति में 'क्षेम' ने प्रतिवाद किया और स्पष्ट करना चाहा कि–

"साथी, गीत न होते बासी!
कंठ भले बासी हो जाएँ, साथी, गीत न होते बासी!!
प्राण-पपीहे पिहक उठेंगे, जब-जब जली तृषा के मारे!
जब-जब भूमि ऊमसी होगी, उमड़ेंगे ही घन कजरारे।।
जहाँ कहीं जीवन-कण होगा, आशाओं की दूब हँसेगी!
मीड़ों की साँझें होंगी, आयेंगे सरगम के भिनसारे!!
बस अपना चुक जाय भले ही, रस तो आता है, आयेगा,
भूमि भले ऊसर रह जाए, बरसेगा सावन विश्वासी!!"

नये आन्दोलनकर्ताओं को कवि ने बड़ी ही विनम्रता से जीवन-सत्य को समझाया है और इतिहास का उदाहरण देते हुए जीवन-विकास के विविध पक्षों को उद्‌घाटित किया है–

"न छीनो गीत ये मुझसे, न छीनो गीत ये मेरे!
प्रकृति पहले-पहल भोले पुरुष के पास जब आयी,
अचानक बज उठी सूने मनों की बीन शरमायी!
पलों में जड़ गला-गति में, विजनता ढल गयी स्वर में,
किसी अनजान कम्पन-सी लहरती रागिनी छायी!!
युगों का मोल है इनमें, न छीनो गीत ये मेरे।"

गीत की रक्षा करने का कार्य क्षेम ने बहुत पहले ही शुरू कर दिया था, जबकि नवगीत आन्दोलन बाद में आया है। गीत और प्रगीत उनके अन्तः में रच-बस गया है। इसीलिए उन्होंने गीत की पक्षधरता का सन्दर्भ प्रस्तुत करके कहा–

"हमारे ही अकेले के नहीं, ये गीत सबके स्वर!
बहारों से भरा आँगन चमन का ही नहीं होता,
सुमन का हास मधुमासी सुमन का ही नहीं होता;
सपन हैं बाँटते सबको निदारे सरगमों के घन,
फुहारों से भरा सावन गगन का ही नहीं होता!!
सुरभि कब बन्दिनी बनती कुसुम के प्राण में बसकर!"

छठे दशक के उत्तरार्द्ध में 'नवगीत' आन्दोलन का जो प्रयास रहा उसमें क्षेम जी की गीत-साधना ने बुनियाद रखने में महत्त्वपूर्ण योगदान किया है। गेयता गीत की सबसे बड़ी पहचान है। 'क्षेम' का ही कथन है कि "मैं 'गीत' में 'वस्तुवत्ता' की

गेयता की भी सम्भावना का विश्वासी हूँ। गीतकार अपनी आत्मनिष्ठ अनुभूतियों को तो गेयता प्रदान ही करता है, वह 'वस्तुनिष्ठ' प्रतिक्रिया को भी गेय बना सकता है, चाहिए केवल वह आनुभूतिक सत्यता और बृहत्तर आत्मप्रसार की वह क्षमता जो गीतकार को उस 'वस्तुबोध' के साथ एकात्म कर दे।" (नीलम, ज्योति और संघर्ष, पृ. ख) गीतिकाव्य में 'अन्तर' और 'बाह्य' दोनों ही स्थिति का समुचित समाहार होना चाहिए।

'क्षेम' ने 'गाँव का गीत' और 'झोंपड़ी का गीत' लिखा है। लोक सम्पृक्ति का यह प्रबल प्रमाण है। क्षेम के गीतों में लोकतान्त्रिक-बोध सदैव सजग रहता है। 'झोंपड़ी का गीत' से उदाहरण—

"नीमों की छाँहों में, बाँसों की बाँहों में,
अनगाई चाहों में, गाती है झोंपड़ी!
पिछवारे मर-मर-मर-मर करती है बँसवारी!
एक ओर मँह-मँह-मँह महक रही महुआरी!!
द्वारे पर गीतों से सींच रही मालिनियाँ—
चुनरी के झूलों पर माता की फुलवारी!!
आँधी में पानी में, जीवन की डाली को—
विश्वासों से साजे आती है झोंपड़ी!!"

गीत-प्रगीत की सुदीर्घ यात्रा करते हुए कविवर 'क्षेम' लय-छन्द, भाषिक प्रयोग और अभिव्यंजना की विभिन्न पद्धतियाँ अपने गीत-संग्रह में समाहित किये हैं।

# रूप तुम्हारा : प्रीति हमारी

छायावादोत्तर गीत-धारा के सशक्त हस्ताक्षर श्रीपाल सिंह 'क्षेम' मानववादी रचनाकार हैं। इनके गीतों में छायावाद का सहज विकास दृष्टिगत होता है। छायावाद की 'वस्तु'-गत देन में यह ऐतिहासिक उपलब्धि रही है कि शतियों से उपेक्षित मानव अस्तित्त्व और उसकी सहज चेतनाओं को नये सिरे से प्रतिष्ठित कर दिया है। इसे हम मानवतावाद और मानववाद के अन्तर्गत सुगुम्फित कर सकते हैं। अध्यात्म, संस्कृति और कला के स्तर पर छायावाद ने मानव-महत्ता को बड़े सलीके से सजाया और सँवारा है। 'प्रगति' और 'प्रयोग' के दो पाटों के बीच से गीतों के भीतर इसे निखार देने वाले कवियों के द्वारा मानववादी गीतधारा विकसित हुई है। 'रूप तुम्हारा, प्रीति हमारी' गीत संकलन सन् 1967 में प्रकाशित हुआ है।

साठोत्तर काव्यान्दोलन के दौर में 'कविता' के पूर्व 'अ' का उपसर्ग लगाकर विद्रोह का ध्वज फहराने वाले कवियों ने परम्परागत मर्यादाओं, मूल्यों एवं चिन्तनों के समक्ष सन्देह, अनास्था और अविश्वास का प्रश्नचिह्न लगा दिया है। इस चुनौती को गीतकारों ने स्वीकार किया। नये कवियों ने तो गीत को एक अस्वाभाविक और संकीर्ण विधा तक घोषित कर दिया। इन्हीं परिस्थितियों के कारण डॉ. शम्भुनाथ सिंह आदि ने वैज्ञानिक रोमांस-युक्त नवगीत की रचना में तल्लीनता दिखाई डॉ. रवीन्द्र भ्रमर ने 'सहजगति' के रूप में नयी सम्भावनाओं को गीत के विकास में समाहित कराने का प्रयत्न किया। श्रीपाल सिंह 'क्षेम' जैसे गीतकारों ने प्रसाद, निराला और महादेवी के गीतों के अत्यादर्शवाद का परित्याग कर मानवता, पारिवारिकता, सांसारिक परिवेश तथा सामाजिक मूल्यों को परिमार्जित रूप में अनुभूति-प्रेषण में तल्लीनता दिखाई है। इसमें जीवन की व्यथा और सजल प्रेम की अभिव्यक्ति हुई है।

छायावाद में अति लाक्षणिकता और भावों को आधार बनाकर अग्रसर होने वाले कवि भगवतीचरण वर्मा, बच्चन और नरेन्द्र शर्मा हैं। इन्होंने मधु-मादकता को अंगीकार कर सामन्ती मूल्यों के विरुद्ध व्यक्तिमूलक मान्यताओं को आधार देने का प्रयत्न किया है। छायावाद की ऐन्द्रियता, सौन्दर्य-प्रियता मानवीयता और प्रेमात्मकता के गोपन और नग्नता के दो छोरों के बीच से बीच के मार्ग का अनुसरण करने

वाले कवियों में शम्भुनाथ सिंह, जानकी बल्लभ शास्त्री आदि कवियों ने मिलन, प्रेम, विरह, रूप, प्रकृति तथा लोकतान्त्रिक मूल्यों को गुंजरित करने वाले खड़ी बोली गीतों को कोमल, हृदयस्पर्शी, लोक-सहजता एवं जनप्रियता के शिखर पर पहुँचा दिया। 'नीरज' और गिरधर गोपाल के गीतों में वासना, भूख एवं मुक्त प्रेम को अनुभूति की तीव्रता दी। रमानाथ, वीरेन्द्र मिश्र, कैलाश वाजपेयी और भारत भूषण ने उचित अनुचित के मध्य सामान्तिक दूरी को निकटता प्रदान की। कवयित्रियों में स्नेहलता 'स्नेह', सुमित्राकुमारी सिन्हा, 'कोकिल' और शान्ता अग्रवाल के गीतों में सहजता, कोमलता, निश्छलता एवं प्रीति-रीति को मधुरिमा प्रदान की है।

काव्य की अनेक विधाओं में 'गीत' एक विधा है। समीक्षक प्रायः गीत-लेखन को अनाधुनिकता, पिछड़ापन और अतीत-प्रियता का आक्षेप लगाते हैं। गीत की प्रमुख विशेषता गेयता अथवा अन्तर्लयात्मकता है। गीतकार की जीवनानुभूति, मानसिक तादात्म्य तथा तल्लीनता आवश्यक है। कविवर क्षेम का मानना है कि 'प्रगति' तथा प्रयोग के समानान्तर एक मानववादी गीतधारा भी विकसित हुई है जिसे आन्दोलनकर्ता लोग स्वीकार करने में संकोच करते हैं। गीत में गीतकार की तटस्थ भावासक्ति होती है। गेयता तो सदैव पर-सापेक्ष होती है। गीतकार का बहिर्जगत उसके अन्तर्जगत में एकात्म हो जाता है। गीत रूढ़ भाववाद नहीं है बल्कि गीत का सहज विकास होता है। इसमें समय के बदलाव के साथ युग की पहचान भी सन्निहित होती है। गीत सामाजिक परिप्रेक्ष्य में उद्भूत होता है। 'जीवन-तरी' और 'नीलम, ज्योति और संघर्ष' के गीत इसके उदाहरण हैं। एक लम्बी कालावधि के बाद 'रूप तुम्हारा-प्रीति हमारी' की रचना हुई है। कवि-मुखेन में कवि ने स्वीकार किया है कि उसके बहुत से गीतों की पाण्डुलिपि खो गयी थी। उसमें से कुछ एक गीत ही इस संकलन में स्थान को विभूषित किये हैं। शेष गीतों में अद्यतन सर्जना की उद्भावनाएँ हैं। सहजता, संवेदना और प्रभाव की दृष्टि से संकलन का गीत 'आज की यह रात है कितनी रंगीली' इसका उदाहरण है। काव्य में तद्भवानात्मकता ने उसे और भी प्रभावपूर्ण बना दिया है। प्रेम सौन्दर्य, आन्तरिक सम्पृक्तियाँ, भाव संवेदनाएँ और मानवीय मूल्यबोध के चित्रण में तत्सम शब्दों के साथ तद्भवात्मकता के आ जाने से गीत में सच्ची ताजगी आ जाती है।

'रूप तुम्हारा-प्रीति हमारी' कविता में प्रिय का रूप जग में उजाला करने वाला चन्दा ही तरह है और प्रीति दुखियारी माटी के श्रृंगार की तरह जमीनी है। प्रिय के नेत्रों का सौन्दर्य अमरता का संवाहक है, इससे तृप्त होकर कवि का भाव ही दूसरा हो गया जिसे जग बौरा पूछ रहा है कि मैंने गरल पिया है। यह गरल ही तो एकाकार रूप है प्रेम का। प्रिय की हँसी को कवि अँधियाले पर रसमस प्राप्त कहता है और अपनी प्रीति को प्रातः की किरणों की मनुहार कहता है। प्रेम का क्षेत्र ही कुछ ऐसा

है जहाँ अश्रु मोती है और दोनों के बीच की बात ही कुछ ऐसी होती है जिसे मौन कहता है। स्पर्श दखिनी हवा की पुलकन है जो प्रिय की साँस में हरसिंगार के फूल की तरह झड़ता है–

रूप तुम्हारा जग-उजियारा, चन्दा का आकार है।
प्रीति हमारी, इस दुखियारी माटी का शृंगार है।
नयनों से चाँदनी पिलाकर तुमने अमर किया है;
यह जग बौरा पूछ रहा है, क्यों मैंने गरल पिया है!

× × ×

हास तुम्हारा हर अँधियाले पर रसमस भिनसार है।
प्रीति हमारी तम में प्यासी किरनों की मनुहार है।।

× × ×

जिसे गीत गा जाय, अश्रु बस वही नहीं मोती है;
जिसे मौन ही कहे, बात कुछ ऐसी भी होती है!
परस तुम्हारा दखिनइयाँ की पुलकत भरी बयार है!
प्रीति हमारी साँस-साँस पर झरता हरसिंगार है!!

कवि सुख-दुख तथा संसार सब भुलाया हुआ है किन्तु प्यार की ऐसी संवेदनशीलता है जिसे भुलाया नहीं जा सका। कवि ने रूप को पावन बताया है और उसे निहारने पर न केवल फूल बल्कि शूल भी प्यारा लगने लगता है।

'तुम न आओ, तुम्हारे लिए गीतिनी' में भी कवि प्रकृति के विभिन्न उपकरणों के सहारे गीत को नया जामा पहनाने में समर्थ हुआ है। प्रिय की यादों में सरगम बसा है हर रोम में प्यार का गीत मुखरित है। प्यार स्वप्न की एक बरसात है। मेघ से बूँद बनकर कवि का गुनगुना और वायु के ऊपर चन्दन की सुगन्धि आकर्षण को ध्वनित करती है। प्यार जीवन को सदैव आशा की पहचान देता है तभी तो हर किरन को मिलाने की तथा दर्द को भी हास में बदलने की क्षमता गीतकार में है। प्रीति को स्वातिनी भले ही न आये फिर भी प्राण का पपीहा, सदैव जाग्रत है।

'प्यार हूँ, आज तो उठा हूँ मैं' गीत में प्यार के दर्द को गहन भाव प्रवणता के साथ मुखरित किया गया है। गीत के जगने से मौन अजाना हो जाता है। दीप के जलने से स्नेह जमाने की आवश्यकता बन गयी है। प्यार उसी प्रकार है जैसे उड़ते मेघ में बूँद तराने (राग) की तरह है। प्रीति का मिलन रूप से चाहे भले ही न हो फिर भी कवि की कल्पनाशीलता में चाँदनी को भुजाओं में खेलते दिखाया है।

संग्रह की 'अश्रु भी क्या काम आये इन अँगारों में' गीत में कवि मन के विचारों में आग-सी लगी होने की वेदना की अभिव्यक्ति देता है। प्रकृति में वीरानियों को जगने का कवि सन्देश देता है। यहाँ कवि ने मानव का प्रकृतिकरण करने के

संकल्प को प्रकट किया है। इस गीत में कवि ने उर्दू के शब्दों के चयन में भी दिलचस्पी दिखाई है। तनहाइयाँ और रोशनी के प्रयोग से काव्य और भी सहज और सम्प्रेषणीय हो जाता है। प्रिय को सम्बोधित करते हुए कवि की अन्तर्वेदना उसे व्यथित करने में समर्थ है–'तृप्ति का कण दें न दें, पर शान्ति रहने दें, कब हुई इतनी दया रस की फुहारों में।'

'गीत ऐसा उठा एक सुनसान में' गीत में अकेलेपन का बोध कराता है जिसकी भावना को सुमन ने सुना ही नहीं। यहाँ पर कवि की छटपटाहट देखी जा सकती है। प्रसाद के काव्य का सीधा प्रभाव गीत में दिखाई दे रहा है–'व्योम के अनगिनत तारकों पर निशा की, लहरती रहे नीलमी चूँदरी, साध के स्वर्ण अंचल बिछाकर जिन्हें, बीन लेती सदा भोर की सुन्दरी।' पंक्तियों में कवि ने मानवी दृष्टिबोध को प्रतीकों के सहारे बड़ी अच्छी तरह से बुना है। रात भर चाँद का हँसना चाँदनी की शीतलता तथा सौन्दर्य बोध को उदात्त स्वरूप प्रदान कर दिया कि कुछ उषा की कनक चीर में बुनना और कुछ कली के तरल हास अर्थात् यौवन की दहलीज पर सौन्दर्य को झंकृत कर दिया है।

'आज आओ लगन लगा लें हम' गीत में गोपनीयता और बारीकियों के साथ कवि की भावनाएँ चित्रित हैं। यथार्थ से कल्पना की ओर गमन में दृष्टि के सौन्दर्य के माध्यम से कवि आकाश में उड़ने का साहस करता है। मानव सौन्दर्य और उसकी दहकती दमकती स्थिति का चित्रण बखूबी हो सका है–'स्वर्ण सौगात फिर मिले न मिले, चाँद-सा गात फिर मिले न मिले, खोल दो केश की निशा मुझ पर, भाग्य की बात, फिर मिले न मिले।' पंक्तियों में कवि खुले केश के बीच निशा का सौन्दर्यबोध अतुलनीय है। कवि को केश का खुलना और उसकी गमक अन्य गीतों में भी सुनाई देती है। जहाँ 'तुम कस्तूरी केश न खोलो सारी रात महक जायगी' जैसे भाव सघनता के साथ प्रवाहित हुए हैं।

'फिर तुम्हारी प्रीति की बंशी बजी है' गीत में कवि प्रिय को पुकारता है। कितना सुन्दर रूपक बनकर काव्य ऊँचाई को प्राप्त करता है–'चेतना यमुना तड़पती, प्राण वृन्दावन विकल है, बन रही हर साँस बौरी राधिका, हर पल विकल है?' पंक्तियों में छायावादी शैली के माध्यम से यमुना, वृन्दावन और राधा तीनों प्रतीकों को कवि ने बड़ी सहजता से गीतात्मकता का आँचल फैलाकर भारतीय सांस्कृतिक चेतना को भली भाँति चित्रित किया है।

'होंठ पर एक बात आती है' गीत में वेदना का बारम्बार आगमन होता है। प्रेम और सौन्दर्य को कितनी सुन्दरता से कवि ने मुखरित किया है जहाँ फूल का हृदय चटकता है वहीं रश्मि की मौन मुस्कराहट की प्रस्तुति सुन्दर है। तारों में सरगम की छटा है तो बीन तो एक लय उठाती है।

'मेरे लिए प्रतीक्षा में' गीत में प्रिय को दीप न जलाने की इच्छा गीतकार को एक नये सूत्र पकड़ा देती है, वह द्वार तक अँधेरे में आ जाने की तड़प न रखता है सहजता और सतर्कता के साथ। रात के अँधेरे में खुमारी में डूबी हुई पलकें और निद्रालस में डूबी प्रिय के चंचल अलकों का सौन्दर्य सूक्ष्मता के साथ प्रकट किया गया है। साँझ और तारों के मिलन की तरह गीतकार अपने को चित्रित करने में समर्थ है। गीत नियतिवादी भी हैं, काव्य की कमनीय पंक्तियाँ उदाहरण हैं–

"हर दीपक को देवालय का द्वार नहीं मिलता,
हर डाली को तो मधुऋतु का प्यार नहीं मिलता।
बनजारिन बदली-सा मत अंजन बरसाना तुम,
राह बना आऊँगा मैं बिजली के घेरे में।।"

मुक्त गीत में कवि की कल्पना में वह आकाश को धरा पर झुकाता है और भूमि पर चाँदनी बिछाता है। विश्व उद्यान में फूल चुनकर रूठते देवता पर चढ़ाने का भाव मानवीय सौन्दर्य चेतना के प्रति प्रीति का ही तो निदर्शक है। कवि सशक्त भाषा के सहारे गीत बुनता है। इस गीत में कवि के मानवीय दुर्बल क्षण भी हैं जहाँ प्रिय पत्थर की तरह है, उसे वह अपनी अन्तर्वेदना को सुनाता है। यहाँ कवि का निराश मन बिम्बित है।

कवि 'पतझरों पर सदा मुस्कराते रहे?' का भाव लेकर आत्मसाक्षात्कार करता है जो जीवन का एक मोड़ भी है यहाँ उदासी के बीच फूल के सौन्दर्य को भीगी पलकों पर बिछाने की कल्पना करता है। पूरी उम्र वह अपने साँसों की सहचारिता को निभाता है। 'रोशनी हो रही हो जहाँ अनमनी' गीत में कवि उम्मीदों में जीता है और रूप पर मुग्ध होने के कारण ही अपने जीवन की साँझ को वहीं ठहरने का सन्देश देता है–

"दामिनी ज्योति की एक सीमा यहाँ, प्यास भर है शलभ कब उसे पी सका।
रोशनी जी सकी है शलभ के बिना, रोशनी के बिना कब शलभ जी सका।
रूप की रश्मि बीमार दीखे जहाँ, साँस मेरी वहीं पर बिखर जाएगी।।"

'मुक्ति जो मिल जाय' के साथ ही कवि मधु-पाश में बँधने की मनःस्थिति में है। वह देवता के मिलने का विचार रखता है। कल्पना वही है जो जीवन रूपी बूँद पर नर्तन करती है और भावना वही है जो जलती धूप को भी सावन कर दे अर्थात् तृप्ति को प्राप्त कर ले।

"छोड़ मझधार हाय, प्राण, क्या किया तुमने?
दूर इतने कि जहाँ स्वप्न की न छाया हो,
पास इतने कि जहाँ प्राण भी पराया हो।"

इस गीत में कवि की तड़प परिलक्षित है जहाँ उसकी और प्रिय की दूरी सूक्ष्मता

के साथ अभिव्यक्त हुई है। जिसे वह हृदय से चाहता है, विरह-वेदना की दहलीज पर वही दर्द के गीत दे गया है।

'चाहता था कि मधु की रचूँ जिन्दगी' में कवि की सृजन अधूरी रह गयी। कवि चेतना के लिए ऐसे संगीत की खोज में है जिससे भ्रमर बन वह उसे गुनगुनाते रहने की कल्पना करता है। वाटिका को सन्देश देने हेतु पवन बनकर उसे बाँटने का भाव रखता है। कभी वह सुरभि की जिन्दगी तो कभी प्रभाव का सौन्दर्य बोध प्रकट होता है कभी रस की तो कभी धरा की रचूँ जिन्दगी कहता है।

कवि दुनिया को गीत जिसे गाने में ही जीत है। भोगवाद की स्थिति में गीतकार की मनोदशा है। वह दुनिया का सार और हर गाने वाले को कवि प्यार भरी दृष्टि से देखता है। प्रिय-पिया का साहचर्य और प्रीति की झंकार ही प्रमुख है। कोयल की गान के साथ डालें भी गाती हैं, बुलबुल गाती है तो फूलों की आँखें भर आती हैं। ये ऐसी पंक्तियाँ हैं जो मानव के प्रकृतिकरण का उदाहरण बन जाती हैं। कवि ने जीवन शैली को प्रमुखता दी है जहाँ–

"अंगारों में भी चकोर को कहीं अमृत झरता है,
कहीं ज्योति के लिए पतिंगा रात-रात मरता है,
वही प्रेम की धार, धरा का प्यासा मन भरता है,
एक बूँद के लिए पपीहा पीव-पीव करता है।"

यहाँ कवि की उद्भावनाएँ अन्तर्मन को छू जाती हैं। कवि सचेष्ट है और अपनी बौद्धिक क्षमता को वह बड़ी सतर्कता से जीवन की लालिमा में बिखेर देता है। प्रीति की ज्योति हृदय में दीपक बनती है। ज्योति ही अक्षर बनकर वाणी का स्वरूप बनती है वही है ज्योति जो सूर्य चन्द्रमा बन अम्बर में जल रही है।

प्रिय का आगमन की पीड़ा का त्योहार है। प्रिय की आस में उसके रूप की प्यास में कहीं गीत अधूरा न रह जाय इसकी भी शंका है। प्रिय की वंशी में ही रोमावलियाँ उत्फुल्लित होती हैं उसी में साँस लगी है। कवि कभी आहों की गुंजार, कभी सपनों को साकार, कभी आँसू का उपहार और प्रिय के आगमन से ही रातों का भिनसार बनाने की चेष्टा करता है। 'भिनसार' शब्द का प्रयोग लोक परक भाव धारण करता है।

कवि ने देहरादून के सौन्दर्य को भी गीत की एक नयी धार दी है। वहाँ की मनोरम प्रकृति, सुन्दर परिवेश, वहाँ का सुरभित वातावरण रूप की रानी मसूरी के तले देहरादून यक्ष बनकर विरह के गीत गाता है। यहाँ पौराणिक यक्ष की कथा को भी कवि ने साकार किया है।

प्रीति की प्रात छोटी है फिर भी गीतकार को पायलों का भरोसा है। आयु की औकात, हौसलों की बात, जिन्दगी की रात और अश्रु की बरसात छोटी है, फिर भी आँचलों, कोयलों, काजलों और बादलों का भरोसा है? दर्द में इन्सानियत की पहचान

है। चाँद सूरज भले ही पुराने हों किन्तु दृष्टि में ताजगी की कवि कल्पना करता है।

क्षेम जी ने 'दो मुक्ति गीतों में' जीवन शैली को उद्घाटित किया है कि फूल ने जब किनारा किया दूर हो गयी तो कंटकों के सहारे ही जीवन जिया। एक मुस्कान के सौन्दर्यबोध में निमग्न होकर जिन्दगी भर आँसुओं को पिया। चाँदनी द्वार पर बुला रही हो और गीतकार चाँद में कहीं खो जाने की प्रबल इच्छा रखता है। कविता में भाव प्रवणता है।

हम अपनी अन्तर्ज्वाला को सदैव मधुमास में रूपायित करना चाहते हैं। मानवीय भावनाओं को प्रकृति के माध्यम से कितना चित्ताकर्षण मुग्धकारी बना देने की कला में गीतकार निपुण है–

"पुतली छू-छू ऋतुराज गये, चाँदनी बह गयी रातों में,
सन्ध्याओं के टूटे सरगम, ढूँढ़े हैं हमने प्रातों में।"

'रोम रोम फूटे तुम, गीत गीत गाया तुम्हें' में आशावादिता है। कूल प्यारा, धारा किनारा और शूल भी सहारा है। 'दर्द के स्वरों बुलाना' गीत में कवि लोक संस्कृति में गाँव के चित्र में रूप और प्रीति को बड़े ही सुन्दर ढंग से रूपायित किया है और गीत में रसमयता की वृद्धि हुई है–

"रात की पाकर गोरी बाँह, जादुई बन जाते सब ठाँव,
नदी की सारी को सुरमयी–कर रही हो तरुओं की छाँव,
गमकते हों धरती आकाश, झनकते हों चाँदी के तार,
रागिनी से भर गया सिवान, चाँदनी में डूबा हो गाँव।"

इसमें नवगीत की कितनी सुन्दर भाव-रचना है। यह उसी प्रकार है जैसे अन्य नवगीतकार ने चाँदी जैसी यह चाँदनी सोने जैसी धूप, कभी नहीं अँट पाया। मेरे मन में इसका रूप भाव की अभिव्यक्ति की है। प्रिय भले ही न आया हो फिर भी उसकी याद बुलाती है। तुम भले ही नहीं आये किन्तु तुम्हारा स्वप्न सुलाने आया था।

पंखुड़ियाँ खुलते ही गीत में अधरों की अँगड़ाई, मधुऋतु की अँगड़ाई, हासों निर्झरिणी में चाँदनी का स्नान मनमोहक है। कवि की कल्पना है कि चाँदनी का मधु हार लिए चाँद आया है।

कवि का एक सुन्दर गीत अलबेला स्वरूप धारण कर गेयता का सच्चा उदाहरण प्रस्तुत करता है–

"आज की यह रात है कितनी रँगीली,
आज सारी रात काचल पर उठा लो।
× × ×
आज सारा गीत पायल पर उठा लो।
× × ×

आज की यह प्रीति है कितनी सजीली,
आज सारी प्रीति आँचल पर उठा लो।''

कवि अनुभव के सत्य को सहजता से गेय बनाता है। हृदय को जो तुमने दर्द दिया है उसे कवि प्रीति का आभार मानता है। जीवन में सौन्दर्य और प्रेम की पिपासा आवश्यक है। तभी तो कवि ने लिखा–

"जिन्दगी प्यास का एक सरगम सुघर,
भूल से बेसुरा स्वर उठाओ नहीं।
आस भी चाहिए आदमी के लिए,
हास भी चाहिए आदमी के लिए,
तुष्टि है एक आदर्श सुन्दर मगर,
प्यास भी चाहिए आदमी के लिए।"

प्रेम में पिपासा और सौन्दर्य की लालसा में ही जिन्दगी सजती-सँवरती है।

'तुम मुझको अपना न सकोगे, ओ मेरे अभिमानी, तुम में मुझमें भेद बहुत है, तुम चन्दन मैं पानी' इसी गेयता को लेकर बाद के गीतकार और ग़ज़लकार काफी प्रभावित हुए हैं। 'साथ चलो' गीत में किरन; प्रात, जिन्दगी, शबनम, बूँद सभी की बात जिन्दगी है, युग-युग से जूठा तन आज अमल है और प्रिय ने याद क्या किया कि आँसू भी गंगा जल बन गया। 'मेरी पीर तुम्हारी पूजा बोल तुम्हारा गान है।' गीत में कवि प्रिय की जनम-जनम की पहचान बताता है। हर तारा पलकों का प्यारा है हर आँसु को कवि मेहमान बताता है।

कवि 'नैनीताल के प्रति' गीत में बड़ी ही सुन्दर कल्पना करता है। जहाँ 'मेघ जहाँ मुड़ते हैं, शिखरों से जुड़ते हैं। तितली के पंख लगा पाँव जहाँ उड़ते हैं' का भाव रखता है।

प्रिय के सौन्दर्य को चाँदनी और प्रिय चाँद है तभी तो रात भर चाँदनी गीत गाती है और बाँह पर समूची रात चाँद हँसता रहा है। यहाँ रूप और प्रीति की प्रगाढ़ता अपनी स्वच्छन्दता और अल्हड़ता के साथ व्यक्त है। यहाँ कादम्ब बरसा रहा और ज्योति का मद रात भर बरसता रहा। रातरानी का गमकना और रात भर सपना का भटकना में भाव प्रवणता के साथ मानवीय संवेदना प्रकृति के बीच अपनी सजग गुहार लगा रही है। माथा का दमकना और तारा का चमकना, पवन की उँगलियों का गुदगुदाना और चाँदनी का रात भर खिलखिलाने में प्रेम का उदात्त स्वरूप व्यक्त है।

रूप और प्रीति की सजग चेष्टाओं की अभिव्यक्ति में गीतकार को महारत हासिल है। सरगम वही है जो बजता रहे, तारा भी वही है जो हर रात सजता रहे। सौन्दर्य को नये रूप में प्रस्तुत करने का कार्य अत्यन्त सफल है।

कवि कभी यह भी कह देता है कि वह कभी तेरे सहारे के लिए रूठा भी तो नहीं है। प्रिय की फुहार के बिना भी कवि कभी ठूँठा तो नहीं रहा। इसके बाद के गीत में कवि चाँद की बाँह माँगता है जिसकी उजाली में वीरान मन के तैरने की भावाभिव्यक्ति देता है। प्रिय की बाँह को नौका और गीतकार का अन्तः अँधेरी झील है। 'सच को पुचार दुलार दे' और 'मरु को सँवार-सिंगार दे' में साठोत्तरी गीत धारा के यथार्थ की सजग अभिव्यक्ति है।

'चैत का गीत' में साठोत्तरी गीत और नवगीत की पहचान कराने में गीतकार क्षेम सफल रहे हैं। प्रगाढ़ प्रेम की अभिव्यक्ति के बीच गीत प्रवाहित है। मरमर की बीन और आमों का हार के बीच झम-झम कर प्यार की पछुवाई थिरक रही है। अरहर में नूपुर की खनक, सपनों की धूल का उड़ना और गाँव में चैता गीत के विकास में नये तेवर प्रकट कर रहा है। गीतधारा के विकासक्रम में क्षेम के गीत की भाषा का नया स्वरूप द्रष्टव्य है–

"कटे-कटे खेतों का और नया रूप है।
दँवरी है, झरने हैं और कहीं सूप है।।
गाँवों की बाँहों में दमके श्रम का सोना–
धरती के आँचल में गरम-गरम धूप है।।
मन में बंशी गूँजे नदिया के पार की।
झम-झम-झम थिरक रही पुरवाई प्यार की।।"

जैसी गीत की पंक्तियों में खुरदुरा यथार्थ सन्निहित है। गाँव का चित्र माटी की सजग चेतना को प्रकाशित करने में सफल है। ये पंक्तियाँ छायावादोत्तर गीतधारा के श्रेष्ठ कवि 'क्षेम' के काव्य विकास का सन्देश है। नयी कविता के दौर में श्रीपाल सिंह क्षेम का गीत संघर्ष तरी (1951-55) में 'न छीनो गीत ये मेरे' में गीतात्मकता के प्रति सहज आकर्षण और यह कहना कि 'साथी गीत न होंगे बासी' का सन्देश गीत के प्रति गीतकार की सहज निष्ठा है। फिर भी 'गाँव का गीत' और 'झोंपड़ी का गीत' की रचना गीतों के विकास में नया मोड़ है। जहाँ लोक-यथार्थ मुखरित हुआ है इसी विकास-क्रम में साठोत्तर गीत धारा में 'चैत का गीत' उसे अग्र दिशा में गन्तव्य तक पहुँचा रहा है।

'उतरो ज्योति सुन्दरी उतरो' में पावन मन जलगात पर के सौन्दर्य-बोध को शिखर पर पहुँचा रहे कवि मेरे प्रात पर थिरकने की सूचना देता है। निराशा पैरों की शृंखला है और आशा दूर खड़ी है। कवि रेती पर छूटा पाटल कहता है और नेत्रों की नयी रीत को संकेतित करता है। 'उजियाली पर नेत्रों का काजल', 'संथालिन की सुधि पर खनकता मादल' लिखकर कवि ने साठोत्तरी गीत की पहचान बनाई है। पुनः अगले ही गीत में गीतकार उत्फुल्लित हो गया कि 'एक किरन मिल गयी कि

जैसे सारा तम उजियार हो गया।' और 'हर कम्पन से गीत फूटता है जहाँ जीवन सितार हो गया है'।

'एक पल ही जियो' गीत गीतकार के महत्त्वपूर्ण गीतों में है। इस गीत को 'जिन्दगी' के गीतों में प्रमुखता दी गयी है—

"एक पल ही जियो, फूल बनकर जियो,
शूल बन कर ठहरना नहीं जिन्दगी
अर्चना की सँजोए हुए अंजली,
तुम किसी देवता से मिलो तो सही।
जिन्दगी की यहाँ अनगिनत डालियाँ,
तुम किसी पर सुमन बन खिलो तो सही।
एक पल ही जियो, तुम सुरभि बन जियो,
धूल बनकर उमड़ना नहीं जिन्दगी।
तम भरी वीथियों के अधूरे सपन,
कुमकुमी बाँसुरी पर बजाते चलो।
रात रोए हुए फूल की आँख में,
ज्योति की नव-किरण तुम सजाते चलो।
एक पल ही जियो, प्रात बनकर जियो,
रात बनकर उतरना नहीं जिन्दगी।
चेतना के किसी भी क्षितिज से उठो,
याचना के नयन-कोर परसा करो।
जिस लहर पर उड़ो, जिस डगर पर बहो,
कामना की सुधा-बूँद बरसा करो।
एक पल ही जियो, तुम जलद बन जियो।
वज्र बनकर घहरना नहीं जिन्दगी।
वेदना की लहर में डुबाए न जो,
धार में डूबते को किनारा बने
शोक जब श्लोक की पूनमी छाँव में—
पन्थ हारे हुए को सहारा बने।
एक पल ही जियो, गीत बनकर जियो,
अश्रु बनकर बिखरना नहीं जिन्दगी।
काल के हाथ पर भाव की आरती—
बन सदा स्नेह से लौ जलाते चलो।
देह को प्रीति-मन्दिर बनाते चलो,
साँस की हर लहर जगमगाते चलो।

एक पल ही जियो, दीप बनकर जियो,
धूप बनकर घुमड़ना नहीं जिन्दगी।"

यह गीत जीवन के विश्वास का गीत है। जीवन के हर पल को अपने लिए तथा दूसरों के लिए सुखद बनाकर जीना ही जीवन की सार्थकता है। गीत को प्रकृति के प्रतीकों तथा उपमानों द्वारा बुना गया है। क्षणभंगुर जीवन को सार्थक बनाकर ही जीना वास्तविक जीवन है। भले ही एक पल के लिए ही जीना हो तो भी फूल की तरह अपने कर्म के सौरभ द्वारा समाज को आनन्दित करते हुए अपना जीवन व्यतीत करो। काँटे की तरह राहगीर के पैर में चुभकर कष्ट देना उचित नहीं है। फूल पर पड़ी ओस की बूँदें बताती हैं कि फूल रात भर रोया है। सूर्य की किरण बनकर ओस रूपी आँसुओं को सुखाने को कवि प्रोत्साहित करता है। गीत में विनम्रता को बादल की तरह बताया गया है। पूर्णिमा की भाँति चाँदनी की भाँति शीतलता और आनन्द प्रदान करने वाली की भाँति कवि की कल्पना है। यह गीत एक नया आधुनिक युग का सन्देश देता है।

'जिन्दगी प्यास' गीत में गीतकार ने जिन्दगी को प्यास और प्यार को संयम बताया है। जिन्दगी को फूल और प्यार को शबनम, जिन्दगी बीन और प्यार सरगम, जिन्दगी सिन्धु और प्यार को पूनम, जिन्दगी को धार और प्यार को सरगम का रूपक बताता है।

गीतकार की आँखें न जाने क्यों भर आयीं के पश्चात किन्हीं पलकों से हरसिंगार के छूटने का बिम्ब प्रस्तुत करता है। तुलसी के तरु पर आँचल का लहरना जैसी सुन्दर पंक्तियों से कवि ने साठोत्तर गीत को एक नयी पहचान दी है। इसके पश्चात मुक्त गीत में फूल का अँधेरे में खिलना और उस पर किरन का उतरना सुन्दर है। चेतना को दर्पण और जिन्दगी को परछाईं कहकर कवि एक नये ढंग के गीत का सौन्दर्य निदर्शन करता है।

"नयन से आज मेरे नयन मिल गये। एक क्या आज दो-दो गगन मिल गये।।" में प्रिय-प्रिया का साहचर्य भाव और प्रीति की कल्पनाशीलता आशावाद का सन्देश दे रही है। दो कुँवारों के मिलने का सौन्दर्यबोध और हृदय की गहराई को प्यार की अर्चना कहना मनमोहक है। रूप के सागर में नाव क्या डूबी कि जगमगाते रत्न मिल गये। यहाँ प्रेम में स्वाभाविकता का सूत्रपात हुआ है।

श्रीपाल सिंह क्षेम की भाषा उत्पन्न सहज और बौद्धिकता के आगोश में लिपटी है। मानव का प्रकृतीकरण करना कवि की विशेष पहचान है। तत्सम शब्दों के साथ लौकिक सहज, सरल शब्दों के प्रयोग को काव्य-प्रवाह और भी प्रभावशाली और आनन्दित करने वाला है।

# राख और पाटल

कविवर श्रीपाल सिंह 'क्षेम' का पंचम प्रकाशित गीत संकलन है। इसका प्रकाशन वर्ष सन् 1973 है। 'क्षेम' की काव्य यात्रा में प्रकाशन वर्ष गौण जैसा है क्योंकि उनके जीवन-संघर्षों के बीच अनेक मोड़ आये हैं। सन् 1973 में ही गीत संकलन के रूप में 'अन्तर्ज्वाला' का भी प्रकाशन हुआ जो कवि के प्रारम्भिक दिनों के गीत हैं। 'राख और पाटल' कविवर क्षेम के जीवन को परखने और समझने का एक संस्कारशील दर्पण है। यह तीन भागों में विभाजित है–'राख', 'पाटल' एवं पंखड़ियाँ। इसकी भूमिका (अपनी ओर से) में यह आत्मकथ्य द्रष्टव्य है–"'राख और पाटल' मेरे प्रकाशित गीतों का पंचम संकलन है।... सन् 1936-37 से आरम्भ मेरी गीत यात्रा की एक मंजिल 'राख और पाटल' तक पहुँच जाती है।" 'जीवन-तरी' की भूमिका में गीत यात्रा का आरम्भ 1938 है किन्तु इसमें कोई बुनियादी अन्तर नहीं हैं।

'राख और पाटल' परस्पर दो विपरीत मनोभाव के गीतों का संकलन है। 'राख' का तात्पर्य यहाँ पर चिता की राख अथवा भस्म से है। कवि की प्रथम पत्नी की मृत्यु के उपरान्त तथा पूर्व के आभासी दुःख को 17 शोक गीतिकाओं में समाहित किया गया है। हिन्दी साहित्य में शोक गीत कम लिखे गये हैं, इसका कारण रहा कि मृत्यु के बाद हिन्दू संस्कृति में भुला देने की ओर संकेत किया जाता रहा है। फिर भी 'निराला' की 'सरोज-स्मृति' और 'बच्चन' के 'निशा-निमन्त्रण' और 'एकान्त संगीत' की शोक गीति परम्परा में 'राख' अंश को देखना कदाचित अनुचित नहीं होगा। 'राख' खण्ड की रचनाएँ मृत्यु-बोध, निराशा और अवसाद, शोक और करुणा से ओत-प्रोत हैं। इसे कर्मकाण्ड और भारतीय संस्कारों की भूमिका में ही न देखकर कवि की वैयक्तिक पीड़ा और उसका हृदय विदारक हाहाकार व्यक्तिगत ही न होकर मानवीय संवेदनाओं का सम्प्रेषणीय और प्रभावी स्वरूप भी है जो जन मानस को व्यथित कर देता है।

'राख और पाटल' में एक ओर जहाँ चिरन्तन वियोग (शोक) है तो वहीं परस्पर विरोधी मनोदशा नूतन संयोग (नवीन परिणय) का अद्‌भुत संगम भी है। इन दोनों स्थितियों-परिस्थितियों को एक ही संकलन में स्थान देकर कवि ने जिजीविषा

और आशावादी दृष्टि का सूत्रपात कराने का स्पष्ट संकेत किया है। 'पाटल' खण्ड में रूप-सौन्दर्य-बोध, शृंगार तथा प्रेम भावना को रूपायित किया है। 'पाटल' का शाब्दिक अर्थ है गुलाब का पौधा (Brained)। यहाँ पर कवि गुलाब के फूल को भी एक नवीन अर्थ की दिशा देते दिखाई पड़ता है। क्षेम ने 'अपनी ओर से' में लिखा है—"'राख' मृत्यु-शोक-परक शोक गीतिकाएँ हैं, और 'पाटल' जीवन में इसके दूसरे विपरीत पक्ष के रूप-सौन्दर्यगत और प्रीति-भावना-परक संवेदनों का सम्प्रेषक गीत-पुंज। दोनों एक ही संकलन में संकलित हैं, अतः उनके स्वभाव वैभिन्य के द्योतनार्थ यह नाम यदि सहजतः नहीं, तो प्रतीकतः अवश्य ही संकेतक होगा।" 'पाटल' खण्ड में कुल 31 गीत हैं और पंखड़ी स्वरूप मुक्तकों का एक पुंज है जिसको कवि ने 'कुछ पंखड़ियाँ' शीर्षक के बीच रखा है। यह भी प्रेम, सौन्दर्य, रूप, शृंगार, मिलन और आसक्ति के प्रति समर्पित है। 'राख' खण्डो में जहाँ 'शोक-गीत' है तो 'पाटल' खण्ड में 'शृंगार गीत' अपनी उदात्तता को प्राप्त है। 'पाटल' के गीत कवि के जीवन में द्वितीय पत्नी के प्रति शृंगार के गीत हैं।

'राख और पाटल' के गीत मुक्तकात्मक हैं। गीत में भाव-प्रवणता, लयात्मकता, चित्रात्मकता, प्रतीकात्मकता, ध्वन्यर्थ व्यंजकता, शब्दों का माधुर्य सब कुछ है। आदर्श श्रेष्ठ गीतों की रचना में 'गीतों के राजकुमार' क्षेम का विशिष्ट स्थान है। इनका मन, आत्मा और संस्कार सब कुछ गीतों में रचा-बसा है। मौलिक लय-बोध, सांगीतिकता, टटके बिम्बों और भाषा-संरचना की दृष्टि से इनके गीत अत्यन्त प्रौढ़ और समृद्ध हैं।

'राख और पाटल' के 'राख' खण्ड के प्रारम्भ में ही कवि ने अपनी बौद्धिक चेतना का सदुपयोग किया है कि 'एक छलना ही किनारों से कहीं सुन्दर है' और वह अपने को समझाता है कि दुःख के ऐसे क्षणों में जहाँ प्रियतमा इस भौतिक संसार से सदा के लिए विदा हो गयी हो तो दुःख और करुणा के झंझावात में भूल जाना ही विचार से सुन्दर है, एक आँसू की चमक सितारों से भी सुन्दर है। ऐसे पीड़ा-बोध में रात में नींद का न आना द्रष्टव्य है। पीर गाती है, घाव बाँसुरी बजाती है, ऐसे में कवि ने मौत को जिन्दगी को जिन्दगी बनाने की कल्पना साकार की है। एक नये सम्बल को पाने की ललक में कवि ने जिन्दगी को रात की विदाई है और ध्यान नये सवेरे की ओर संकेत कर रहा है। यह प्रसाद जी के 'दुःख की पिछली रजनी बीच, विकसता सुख का नवल प्रभात' का सन्देश देने में समर्थ है।

'राख' खण्ड का पहला ही गीत 'मौत का परिचय' देन में सफल रहा है। प्राण की पाँखों का जम्हाई लेना, भावना के पंखों का कट जाना, आशाओं का निराशा में डूब जाना, और कामना के दीप का सो जाना की विह्वलता, बेचैनी और उदासी का सजीव चित्रण किया गया है। इस गीत में कवि का निराश मन एक जीवन्त चित्र प्रस्तुत कर रहा है जहाँ पर बादल की गुफा में चाँद का छिपना,

चेतना का निराशा और दुःख में डूब जाना, काले देवता (यमराज) के पदचाप की आहट, लौ का भुजों पर सदा के लिए अलविदा कह देना में शोक-गीति की विशेषताएँ प्रमुख हैं। जिन्दगी को अश्रु के बीच पाना और मृत्यु को अब अश्रु से बहलाना अत्यन्त मार्मिक है।

प्रियतमा का मृत्यु की ओर अग्रसर हो जाना 'राख' के दूसरे गीत में है। वह भवन की अकेली रोशनी है जिसे जिन्दगी की राह में सो जाने की आशंका है। खिड़कियों से उदासी का आगमन हो रहा है और तन में साँस का टूटना द्रष्टव्य है। अपना स्वप्निल आवेग पसलियों में दर्द बनकर टीस और वेदना का स्वरूप ले रहा है। वह मनोबल को बढ़ाती थी पर अब तो राह में कहीं सो न जाने की वेदना संवेदित कर रही है।

शोकानुभूति को अभिव्यक्ति देने वाले 'राख' के तीसरे गीत में कवि के जीवन की व्यथा सघन होकर अतिशय भाव प्रवणता और आत्माभिव्यक्ति की पहचान करा रही है—

"हाय आधी भी डगर तै हो न पायी,
और मेरा दीप कोई लूटता है!
रूप-रस की अब न कोई बात होगी,
अब न चन्दन-चाँदनी की रात होगी;
अब न कन्धों पर घिरेंगे सौरभी घन,
अब न कोई इन्द्रधनुषी प्रात होगी!"

यहाँ पर अवसाद की गहन छाया का प्रभाव स्पष्ट है।

प्रियतमा की मृत्यु के क्षण को याद कर कवि ने शव को दुःख के पहाड़ सदृश देखा है। वह भुजाओं पर सिर झुकाए है, उसके सारे अरमान आज शव हो चुके हैं। किरण ने सूरज की भुजाओं पर तड़पकर अन्तिम साँस तोड़ी है। मरण की अधिसूचना के बीच जिन्दगी भर राह में विरही-एकाकी जीवन व्यतीत करने की वेदना है और उम्र का सुनसान सामने खड़ा है। यह निराशा का भाव कवि के जीवन में सदा के लिए हो गया है।

'राख' का पाँचवाँ गीत शव स्नान और रूप-श्रृंगार की अन्तिम विदाई है। रूप-बोध का लालित्य दुःख की इस वेला भावाकुल है और बिछोह तथा सदा के लिए प्रियतमा का इस संसार से चले जाना संवेदना के धरातल पर कारुणिक स्वरूप प्रस्तुत करने वाला है। कवि अपने शुरुआती दिनों में जब कमल ने चन्द्रमा के भाल पर कुमकुम चढ़ाया था, पर आज तो सिन्दूर का अन्तिम उपचार किया जाता है। कर्मकाण्डी व्यवस्था में शव का अन्तिम स्नान करा दिया गया है, पाँव रच दिये गये हैं पर उसमें आज पायल की झंकार नहीं है, आँख मुँद गयी है, वह चिरनिद्रा में सदा

के लिए सो गयी है। हरे बाँस की डोली का सजना और अन्तिम अँकवार अत्यन्त कारुणिक और दिल को अत्यन्त पीड़ा-बोध करा रहा है।

'राख' खण्ड के छठे गीत में शव-यात्रा का अत्यधिक कारुणिक दृश्य कवि ने गीत के माध्यम से प्रस्तुत किया है–

"तुम चली लुटाती फूल,
और मैं शूलों में उच्छ्वास भरूँ।
तुम चली मरणा के साथ
और मैं जीवन का विश्वास करूँ।।"

यहाँ प्रियतमा मरण के साथ चलती है और कवि आहत है जिसको जीवन में विश्वास करना है। वह अपनी ही छाया से डरने लगा है। शव में प्रियतमा महावर रची है और कवि का अंगारों से प्यास हरने की कल्पना अत्यधिक मार्मिक और हृदय विदारक है। घर से शव-यात्रा का आरम्भ हो रहा है ऐसे दुःख-बोध को हिन्दी साहित्य में वर्णित होना दुर्लभ है–

"लो, छीन चली बारात तुम्हें,
कुछ कर न सका रोना-धोना;
मैं भी चलता हूँ साथ, मगर
इस चलने का भी क्या होना?
× × ×
तुम चली चार के काँध,
और मैं पीड़ा का आकाश तरूँ!
तुम चली मरण के साथ,
और मैं जीवन का विश्वास करूँ!!"

इसके पश्चात सातवें शोक-गीत में चिता के द्वार पर अरथी लगा दी गयी है, आज प्रियतमा की अन्तिम विदाई है, अन्तिम संस्कार है यह रूप का। आँख मूँदे देख रहा है कवि तट पर और हंसिनी जल में समाई है अर्थात् नदी में स्नान कराकर चिता पर रखा गया। चिता की लपटें उठती हैं चिटचिटाकर जलती हैं जो कारुणिक दृश्य प्रस्तुत कर रही है। जब तक चिता जलेगी, कुछ तो साथ का आभास रहेगा, पर थोड़ी ही देर में चिता की आग भी शान्त हो जाएगी। इसमें कवि का हृदय-विदीर्ण होकर गत-आगत के धुन्धलके में अपने को खड़ा पाता है जहाँ भविष्य अँधेरे में डूबता दिखाई दे रहा है।

प्रियतमा के अन्तिम संस्कार किये जाने के बाद व्यथित कवि बिछोह की पहली काली रात के बीच है। जब तक रूप का आभास था तब शव भी साथ में तो था पर आज श्वास-व्याली व्याकुल हो घूमती है जो जीवन में विषता का आगार है। दर्द के

बादल उमड़ रहे हैं इसमें पारिवारिक दायित्व के निर्वहन में कवि अपने को अशक्त पाता है। यह उसके जीवन की अमावस्या की रात है। प्रात भी धुआँसी है। 'मैं पराया हो गया हूँ जागरण को' अब तो नींद भी अपनी न होकर पराई हो गयी जो दूसरे पर आश्रित है। अभाव और बेचैनी का यहाँ अनूठा दृश्य भी परिलक्षित हो रहा है।

'राख' खण्ड के तेरहवें गीत में पिण्डदान का दृश्य है। प्रिया हाथ छोड़कर चली गयी है। अन्त में पिण्डदान ही सबको मिलता है। चौदहवें गीत में प्राण बाड़व है नयन का ज्वार उठता है कारण है 'चाँद आया आज मेरे द्वार' पन्द्रहवें गीत में दीवाली का त्योहार तो आ गया लेकिन कवि-जीवन में प्रियतमा का अभाव अमावस की गहन काली रात की तरह है। सोलहवें गीत कवि व्यथित है कि अपना इतिहास वह अब भला किसको सुनाए। वह टूटे दिल से कहता है कि वह अँधियाली अर्थात् अँधेरी रात का मारा है उसका जीवन अन्धकारमय हो गया है।

'राख' खण्ड के सत्रहवें गीत में कवि पारिवारिक और सामाजिक संघर्षों के बीच खड़ा है। वह अत्यन्त दुःखी मन से प्रिय के अभाव में अपने जीवन की झाँकी प्रस्तुत करता है–

"आज हृदय की बात करें क्या,
शंकाओं के इस मरु-वन में!
संघर्षों के बीच पले हैं,
संघर्षों के बीच जिए हैं;
ज्योति कभी, तो धूप कभी है;
हम आँधी में बन्द दिये हैं;
आज किरण की बात करें क्या
अँधियारी के इस निर्जन में!
× × ×
क्षण-क्षण के खण्डित बिम्बों से
हम तक अपना रूप न आता;
टूटे सिसक रहे घाटी में
आज ऋचाओं के उद्गाता;
'यजुर्साम' की बात करें क्या
आत्मा के इस गूँगेपन में!!"

यहाँ कवि का विदीर्ण हृदय शोक-गीति परम्परा में अपना स्थान निश्चित करने में समर्थ है। 'निराला', 'बच्चन' के शोक गीतों की परम्परा में 'राख' खण्ड में अनुभव की प्रामाणिकता, भावोच्छ्वास करुणा-वेदना, आत्माभिव्यक्ति और जीवन संघर्ष को संस्कारगत स्वरूप में प्रस्तुत किया गया है।

'कुछ पाटल' शीर्षक के अन्तर्गत गीतकार ने कुछ मुक्तकों को सजाया-सँवारा है। यहाँ कवि की जिजीविषा और संघर्षमय जीवन में आशावाद का सन्देश दे रहा है। 'अश्रु में हास-फेरे मिलेंगे' में आँसुओं में हँसी का संगुम्फन है और 'आँधियों में बसेरे मिलेंगे' में जीवन में आँधी-तूफान के आने से गार्हस्थ्य जीवन भले ही उजड़ जाय फिर भी कोई न कोई कहीं बसेरा मिल ही जाता है। जीवन में डूबता सूर्य सन्देश देता है कि वह पुनः सुबह में मिलेगा। यह रूप-सौन्दर्य और प्रेम का जीवन में नया अहसास कराने में समर्थ है।

भावों की सघनता गीत की पहचान है। ऐसे में श्लील और अश्लील के बीच भेद वहाँ मिट जाता है जहाँ कवि की भाव प्रवणता गीतात्मक प्रवाह में परिणत हो जाती है। 'क्षेम' जी मंच पर निम्नलिखित उद्धृत पंक्तियों में वहाँ गाते थे साथ जोड़कर जब 'कस्तूरी केश' वाला सौन्दर्य-प्रवाह की लहरों के गीत 'तुम कस्तूरी केश न खोलो' गाते थे। किन्तु 'राख और पाटल' में ऐसा लगता है कि अश्लीलता-बोध का भान होने के कारण कवि ने कुछ पंक्तियों को हटाकर 'कुछ पाटल' में मुक्त ढंग से अलग कर दिया है–

"सोयी आग दहक जायगी
मन की नींद बहक जायगी;
तुम कस्तूरी केश न खोलो,
सारी रात महक जायगी!"

इसी तरह मादकता को छलकाने वाला मानववाद को प्रमुखता देने वाला छोटा सा मुक्तक भी है–

"तन को छू दो तो पाटल बने;
मन को छू दो मादल बने;
गीत तेरे नयन की किरण हो,
कल्पना तेरा काजल बने!"

इन सुन्दर मुक्तकों को प्रारम्भ में रखने के पश्चात गीतकार का मन रूप-सौन्दर्य प्रेम-बोध के गीत का क्रम लगाने से पूर्व प्रथमतः 'वाणी वन्दना' करता है–

"रस के हास झरो!
मेरे सागर की वेला पर पूनम-सी उतरो!
× × ×
संस्कृति की 'तुलसा' पर मातः, फिर नव दीप धरो!
रस के हास झरो!"

इस वन्दना में नव परिणय और नवीन जीवन के प्रारम्भ का भाव भी संगुम्फित है। इसके पश्चात 'मुक्त-गीत' की रस-बोधी छटा बिखरती है। 'पाटल' अंश में कुल

31 गीत हैं और इसी के अन्तर्गत बाद में 'कुछ पंखड़ियाँ' भी अलग से रखी गयी हैं। 'हम गगन को धरा पर झुकाते रहे' गीत में विश्व उद्यान से चुने हुए फूलों को रूठे देवता पर चढ़ाने की बात है। अपने जीवन की झाँकी में कवि गीत में नये ढंग की सूचना देने वाला जीवन को नये रूप में ढालने का प्रयत्न करता है–

"रोशनी को नयी धार सबको मिले,
एक ऐसा क्षितिज हम बनाते रहे
हर नयन को कि जिसका सहारा मिले
एक ऐसी किरण हम उगाते रहे!!"

इसी में गीतकार ने गीत को नये ढंग से उदात्तता प्रदान की है कि प्रीति की रीति जिसमें कभी बासी न हो, ऐसा नया गोकुल वह बसाता है। उसके ऐसे आह्वान पर स्वर्ग के देवता भी सजग हो उठे हैं। तीसरे गीत में कवि का गीतकार मन एक फूल पाँखुरी गुलाब की लिए हुए हर साँस में सन्नद्ध है। 'पाटल' खण्ड के अन्तर्गत रखे जाने वाले चौथे गीत में गीतकार ने रूप-सौन्दर्य-प्रेम से हटकर एक नये ताजे स्वर में गीत की रचना की है। यह गीत संघर्षशील जीवन को दिशा निर्देश देने में समर्थ है–

"पाँव में हो थकन, अश्रु भीगे नयन,
राह सूनी मगर गुनगुनाते चलो!
यह न सम्भव कि हर पन्थ सीधा चले
यह न सम्भव कि गन्तव्य सबको मिले;
वाटिका-बीच कलियाँ लगें अनगिनत,
यह न सम्भव कि हर फूल बनकर खिले।
यदि न सौरभ मिला तो यही कम नहीं,
पन्थ मधुमास का तुम बताते चलो!"

पदमैत्री, विभावना और अर्थान्तरन्यास (वाटिका बीच... खिले) के साथ बाद के पदबन्धों में उपमा, लक्षणा है। इसी के साथ कवि ने 'पीर' को प्रकृति से मिली पूँजी बताया है जो छायावाद की उद्‌भावना कर रहा है। पीड़ा के रोने में लोरी देना और पीर सोने लगे तो जगाने में महादेवी के भाव साकार होने लगते हैं। द्विअर्थी स्वरूप में प्रासंगिकता को प्रकट करने वाली पंक्तियाँ सामाजिकता और उसमें भी शोषित और शोषक वर्ग में समानता लाने का मार्क्सवादी विचार भी झंकृत है। गीत लोकतान्त्रिक मूल्य पर आधारित है–

"एक सागर किसी के लिए कम यहाँ,
एक कण के लिए और तरसा करें;
सूखते जन-सरोवर बिलखते रहें,

सिन्धुओं में महा मेघ बरसा करें;
यह 'दुनाली' प्रणाली चलेगी नहीं,
इसलिए धार को सम बहाते चलो!"

आज के वैज्ञानिक-युग में यान्त्रिक जीवन को कवि ने बुरा माना है और जीवन में रूप, प्रेम-सौन्दर्य, आत्मीयता, मानवता और भाईचारा को प्रमुखता दी है। यह गीत रचना की परम्परित परिभाषा से हटकर है–

"यन्त्र-सा है न मानव कभी भी रहा,
यन्त्र-सा फिर न मानव रहेगा कभी;
वज्र बनकर घहरता अगर आज तो,
फूल बनकर कहानी कहेगा कभी,
'प्रीति' के अर्चना-स्वर उठाते चलो,
'रूप' की चाँदनी में नहाते चलो!"

मनुष्य न अतीत में मशीन बनकर रहा है और न भविष्य में मशीन बनकर कभी रहेगा। यहाँ कवि प्रेम-गीत गाने और उसकी शीतल छाया में जीवन व्यतीत करने का रूप बाँधता है। यन्त्र-सा में उपमा और 'कहानी कहेगा कभी' में सम्भावना व्यक्त है।

प्रियतमा के आँचल का सहारा मिलना उसी प्रकार है जैसे डूबते हुए को किनारा मिल जाय। इसके बाद छठा गीत में नवगीत की विशेषताएँ स्पष्टतः प्रकट हैं–

"द्वार से जो बह गया है पवन,
मन भी बह गया है!
पंछियों ने गीत में भेजे निमन्त्रण,
फूल से है ओस का आया समर्पण;
चुभ गये किस मेनका के बान–
टोना लह गया है!
कट गये हैं प्रीति के अनुबन्ध सारे,
छँट गये जोड़े हुए सम्बन्ध सारे!"

गीत-प्रगीतकार 'क्षेम' ने जिन्दगी को प्यास का मधुर सरगम कहा है। वह आयु भर गीत गाने की बात करता है और विश्वास को न डिगने देने के प्रति दृढ़ संकल्पी है। गीतकार का मन वैयक्तिक-बोध में आप्लावित है–"अब तक बहुत जिया औरों को, आओ कुछ अपने को जी लें" में प्रियतमा से मिलन का अभाव है। अनजाने में बीन का बजना तरुणाई का प्रतीक है और 'मरु पर आज उड़ा है सरगम' में बुझे हुए जीवन में प्रेम-सौन्दर्य की लालसा है जहाँ लाज का अवगुण्ठन है और तम के द्वार पर पूनम खड़ी है। सौन्दर्य के छलकने और आँखों के घूँट पीने में लालित्य है।

'बीते रस-ज्वार' को कवि निमन्त्रित कर रहा है। गौरवर्ण का रूप-सौन्दर्य

आज व्यग्रता का परिमापक बना है। बादल के बूँद की शुद्धता और यौवन की धारा में मदमस्त रहने वाला कवि फिर से बौछार का आह्वान करता दिखाई दे रहा है। कवि (गीतकार) जीवन को अधर कहता है। प्रियतमा का आकाशी (नीला) आँचल शाश्वत प्रेम को उद्भासित करता है। निर्जन में अपनापन देकर जीवन को सुखमय बनाने की कल्पना है।

'जब से देखा साँवरिया को पोर-पोर पागल है' में प्रियतमा के माथे पर प्रात की आभा है और केशों में बादल का बिम्ब साकार होता है। दिवस पर कुंकुम का गाना और रात में पायल का बजना मनोहारी है। 'कैसी चितवन-शिखा लगा दी' गीत में रूप-बोध आह्लादिल करने वाला है। 'आज साँझ कुछ बात कह गयी' गीत में रस का छलकना, रस-बूँदों को प्रात तक चुनना, इन्द्रधनुष की चादर और केशों की रात तथा मुख के चाँद का चमकना रूप-सौन्दर्य-बोध को प्रकाशित करने वाला है। 'एक साँस सौरभ तुम दे दो' से रस की बात और बढ़ जाती है। शाम दिन रूपी प्रियतम और रात रूपी प्रियतमा का मिलन बिन्दु है। ऐसे में रस-रात की चर्चा स्वाभाविक है। 'ईंगुरी शृंगार','पाँव की महावर' की शोभा देखते ही बनती है।

'आज की रात कौन सोता है' मिलन का गीत है। आज की रात तो बहारों की रात है। 'तुम न खोलो अभी ये नयन शबनमी' प्रगीत में रूप का छलकना, स्वप्नदर्शी मधुर वातावरण प्रवाहमयता का उदाहरण है जहाँ सौन्दर्य-बोध और प्रेम-बोधक सुन्दर उदाहरण प्रस्तुत हुआ है। उड़ते केश, चाँदनी रात, अमावस, ग्रीष्म पावस सभी उद्दीपित करने वाले हैं। ऐसे उद्दीपन के बीच मानववादी कवि ने प्रकृति को आधार स्वरूप माना है। नवागत प्रियतमा को सन्दर्भित करते हुए गीतकार उसकी साँसों में कस्तूरी भर लाने की कल्पना करता है। काले अलक की छाया में गोरे मुख की छटा का नहाना एक सुन्दर उपमा के सहारे रचित है—जैसे कोई चाँद शीश पर एक महकती घटा उठाए हो। यह अद्भुत और चित्ताकर्षक है।

'तुम कस्तूरी केश न खोलो' गीत सदैव मंचों पर सर्वोच्चता को पाता रहा है। द्वितीय पत्नी जो कवि-जीवन की प्रियतमा का स्वरूप बन जाती है। यहाँ पर शृंगारिक चित्रण अत्यन्त मनोरम है जो हृदय को आह्लादित कर देता है। एक गन्धवती नायिका का चित्रण कवि ने बड़े ही मनोयोग से किया है—

"तुम कस्तूरी केश न खोलो, सारी रात महक जाएगी।
तम में यों मत ढको जुन्हाई, तारों की यह पाँत न मेटो,
उठा किरण की अँगुलियों को, मत यों सारी रात समेटो!
तुम यह अरुणिम डोर न डालो, तम में उषा चहक जाएगी!"

यह गीत क्षेम के बहुत अच्छे शृंगारिक गीतों में विशिष्ट है। मदमस्त अल्हड़ नायिका की भाँति मल्हारी रूप, कंगन का खनकाना, कच में इन्द्रधनुष का बाँधना

मनमोहक है। 'आँखों में आँजन मत आँजो' नहीं तो 'मन की नींद बहक जायगी।' आह्लादित करने में समर्थ है। श्लील और अश्लील के बीच दूरियाँ समाप्त हो गयी हैं कारण है कि श्रोता गीत के प्रवाह में आनन्दित हो जाते हैं। इस आनन्द में 'अँगड़ाई' और 'सोई पीर दहक जाएगी' में आह्लाद और आकर्षण है। इसी गीत का एक भाग कुछ पंक्तियाँ थीं, मगर अश्लील-बोध न आ जाए इसलिए ऐसा लगता है कि गीतकार ने उन पंक्तियों को इस गीत से अलग कर छोटे मुक्तक का रूप दे दिया है–

"सोयी आग दहक जायगी,
मन की नींद बहक जायगी,
तुम कस्तूरी केश न खोलो,
सारी रात महक जाएगी।"

गीत के 'प्रवाह' और 'लय' के कारण श्रोता वर्ग आह्लादित और उमंगायिक होकर मन्त्रमुग्ध हो जाते हैं।

इसके बाद के गीत में 'रस मस' पावस की रात का सौन्दर्य पलक और काजल पर आधृत है। 'मैं तुम्हारी चाँदनी पीता रहूँगा, चाँद मेरे आज दृग खोलो न खोलो।' गीत 'पाटल' खण्ड को वास्तविक अर्थ देने में समर्थ है। गुलाब का पौधा में कँटीला और गुलाब एक दूसरे के विरोधी हैं फिर भी पूरक हैं। तभी तो 'खिल गया है फूल दुखती पाँसुरी में' जैसी पंक्तियाँ आत्माभिव्यक्ति की संवाहक हैं। इसके बाद का गीत 'आज नींद की रात नहीं है' यह प्रियतमा के मिलन का बिम्ब है जहाँ प्रिय-प्रिया रात भर मिलन के गीत गाते हैं। यहाँ पर काव्य-सौन्दर्य का अनूठा दृश्य है–

"आज नींद की रात नहीं है, आज जागरण-पर्व हमारे!
जगमग-जगमग छत्र नीलमी
व्योम शीश पर ताने, होगा;
रंगारंग चाँदनी होगी और–
चाँद सिरहाने होगा।
सारी रात जगेंगे हम-तुम, सारी रात जगेंगे तारे!"

'साहित्य महारथी', 'गीतों के राजकुमार' 'क्षेम' जी मानववादी कवि हैं। वह मिलन के गीत गाते हैं–

"सब गीत विरह के गाते हैं,
मैं गीत मिलन के गाता हूँ।
× × ×
सब गीत सत्य के गाते हैं,
मैं गीत सपन के गाता हूँ।"

उक्त पंक्तियों में स्पष्ट है कि शृंगार और कल्पना को आत्मसात कर रचित गीत

घुटन से हटकर स्वच्छ हवा को प्रदान करते हैं। इन्होंने रूप-प्रीति को जीवन-ललाट का शुभ चन्दन कहा है। वह सृजन के गीत गाते हैं।

प्रियतमा के आगमन पर शृंगारिक छटा पुनः बिखरने लगी। ऐसे में 'कुछ पंखड़ियाँ' शीर्षक के अन्तर्गत कवि ने छोटे-छोटे मुक्तकों को इसमें स्थान दिया है। खुरदुरी यथार्थ-रातों में आँख में सपन का भरना नया शृंगारिक संकेत है। रूप और प्यार का सुन्दर चित्र दर्शनीय है–

"शरमाते को क्या शरमाये?
रूप प्यार के द्वारे आये!
लौटा लो यह अपनी चितवन,
बार-बार दर्पण लज जाए!"

ऐसी सुन्दर पंक्तियों में लालित्य है। पीड़ा-बोध में कवि आहत है। जीवन की रिक्तता को भरने के लिए वह व्यग्र है–

"जितनी साध भरी है तुमने, उतने प्रात कहाँ से लाऊँ?
जितनी प्यास भरी है तुमने, उतनी साँस कहाँ से लाऊँ?
कुछ मेरे संघर्ष पी गये, कुछ को मेरे अश्रु जी गये,
जितनी पीर भरी है तुमने, उतने गीत कहाँ से लाऊँ!"

इन मुक्तकों में कवि का जीवन-संघर्ष द्योतित है। इसी दुःखमय वातावरण में सुख और शृंगार-बोध को उद्घाटित करने वाली पंक्तियाँ 'कुछ पंखड़ियों' के रूप में बिखरी पड़ी हैं। इन्हीं भावों को लेकर कवि ने गीत-प्रगीत की रचना की है। 'राख और पाटल' में प्रकाशित अन्तिम पंक्तियों को उद्धृत करना उचित होगा जहाँ लोकभाषा के शब्द को नये रूप में अपनाया गया है जहाँ लावण्य है–

"सुमन हो, किरण हो, नयन हो, सपन हो,
–कोई-सा भी साधन जो अपनाएगा!
मेरे इस हृदय के कई रास्ते हैं;
किसी रास्ते से चले आइएगा।"

# रूप-गन्धा : गीत गंगा

'रूप-गन्धा : गीत गंगा' काव्य संकलन में 1968 के बाद की कविताएँ हैं, जो जन मानस पर अपना विशिष्ट प्रभाव छोड़ती हैं। 'क्षेम' की कविता घेरे बनाकर नहीं रुक जाती बल्कि वह उम्र की सीमाओं को तोड़कर और छोड़कर कवि और सहृदय दोनों की ही चेतना में प्रेम-सौन्दर्य-बोध के पंख लगा देती है। 'ओ हमारी रूप-गधा गीत गंगा' गीत में कवि ने पर्वतों में अब तक अभंगा रूप में रूप-गन्धा गीत गंगा रही है। गीत-प्रगीत दोनों ही दृष्टियों से इसे देखा जा सकता है। मानववादी गीतकार ने स्पष्ट रूप से अपने भाव-विह्वल स्वरूप को अभिव्यक्त किया कि त्रास अथवा नैराश्य में जब भी मिली हो, तृषा-वन में तृप्ति लतिका बनकर खिली हो। गंगा और प्रियतमा दोनों का ही प्रक्षेप सुखद है। त्रिपथगा-धार तो हो किन्तु मानव-लोक में साकार हो गयी हो। प्रकृति के विविध उपकरण तुम्हारी ही सज्जा के प्रतीक हैं। कवि अपने जीवन में टूटा भी, बहुत कुछ खोया भी और रोया भी लेकिन उसके गीत हमेशा आशावादी भाव-बोध से झंकृत होते रहे हैं। वह अपने ही लगन में गीत-रचना करता रहा।

जीवन और जगत् से कवि का अटूट सम्बन्ध रहा है। रूप सभी को राग-अनुराग के यथार्थ से परिचित कराता है। कर्मपरक आस्था का एक उदाहरण–

"यह रूप गगन, यह रूप किरन, यह रूप सुमन, यह रूप पवन।
यह रूप शब्द में अर्थ-गन्ध, यह रूप न समझो माया है;
जग को यह रूप सुहाया है, यह रूप सभी को भाया है,
यह रूप सभी ने गाया है।"

यह रूप परोक्ष सत्ता का रूपायन है, प्रेरणा-स्रोत है। शरीर का 'रूप' केवल इन्द्रिय-तुष्टि और वासना का स्वरूप न होकर वह शान्ति और क्रान्ति दोनों की कड़ी है। एक व्यापक दृष्टि-बोध को लेकर रचना अवतरित है–

"ओ तन-हिलोर, ओ मन मरोर, ओ आत्मा की नव किरण-डोर!
तुम हो सुषमा का ब्रह्म-सूत्र, मैं भाषें का रत्नाकर हूँ,
मैं तुम पर आज निछावर हूँ।"

इतना ही नहीं बल्कि ऋषियों-संन्यासियों की अनुभूति को गीतकार 'क्षेम' ने मानवीय सन्दर्भ में प्रकट किया है—

"ओ ऋत-रचना, शतदल-श्वसना, ओ उषस्-भाल, गैरिक वसना,
गायत्री-मन्त्र-सदृश उतरो मेरे संन्यासी प्रातों पर।
मैं वर्ण-वर्ण का ध्यान करूँ,
जीवन का नवल विधान करूँ।"

'ओ रंगरली, ओ स्वप्न-लली' गीत एक सुन्दर सौन्दर्य-बोध परक गीत है। यौवन-मद की मस्ती में चूर प्रियतम के मद भरे नेत्रों में कज्जल की छटा कवि हृदय को मुग्ध कर देती है। यह गीत 'क्षेम' जी बड़े मनोयोग से मंच पर सुनाया करते थे। यौवन के सौन्दर्य वन में अगहन की चाँदनी बनकर उन्मुक्त केश को खोलती हुई आह्लादित कर देती है। नन्दन की मन्दार के मधु-सुमन की सौरभ महकने लगती है—

"ओ रंगरली, ओ स्वप्न-लली, ओ नन्दन की मन्दार कली
तुम गमको सारी आयु, रूप की महकी हुई जवानी में,
मैं गीत रचूँ अगवानी में!!
जग कहता है—तुम्हें निहारा, मैंने पाप किया,
मैं कहता—बस, उतने ही पल मेरा पुण्य जिया;
छू पारस तन, आँसू कंचन, पा रूप-सुमन, पतझार मधुवन,
सब चन्दन-चन्दन हो जाए इस बन्दन भरी कहानी में !
मैं गीत रचूँ अगवानी में!!"

यौवन का सौन्दर्य और पतझार मधुवन अर्थात् विरही जीवन में सौन्दर्य की छटा बिखर जाय जिसके गीतकार अगवानी में गीत रचने की लालसा रखता है। कज्जल और अलकों की घटा का रूपक रूप-सौन्दर्य बोध से आप्लावित है। रिमझिम पायल, रसमस अंचल, साँसों की पुरवइया बयार के बीच वर्षा का नव रूप धानी चुनरिया में चित्ताकर्षक है—

"नयन उड़ाने लगते हैं जब काजल की पाती,
और भुजाओं पर अलकों की घटा उतर आती,
रिमझिम पायल, रसमस अंचल, साँसों की पुरवइया चंचल,
बरखा को नव-नव रूप मिले जैसे चुनरिया धानी में!
मैं गीत रचूँ अगवानी में!!"

कवि ने यौवन को निर्मल गंगा कहा है। वह यौवन की मनमानी को पुण्य-पाप से इतर सर्जन का वरदान मानता है। प्रियतमा का सौन्दर्य कवि मन को आह्लादित करने वाला है। प्रीति-रीति के बीच गीत रचना में गीति का स्वरूप प्रियतमा का है। जानी-अनजानी में युग-युग का सारा पुण्य खिल उठता है।

'सावन-सा तन, फागुन-सा मन' गीत में सावन की शोभा उद्दीपित करने वाली है और फागुन की तरह मन बताना कवि को ऊँचाई प्रदान करता है। कितना, कितने और कितनी के बीच गीत का सौन्दर्य और बढ़ जाता है–

"सावन-सा तन, फागुन-सा मन, यह मँहमँह-मँहमँह घन-आँगन,
पा मलयानिल का प्रथम परस जैसे, चम्पा बौराई हो।
तुम कितना-रूप-नहाई हो, तुम कितने-रूप नहाई हो,
तुम-कितनी रूप नहाई हो!!"

वह स्नेह की कथा है। रंग, राग, छन्द सभी प्रयोगों में गीत का सौन्दर्य-बोध अत्यन्त सुन्दर है।

# 'मुक्त-कुन्तला' : 'एक पत्र पुरवा के नाम'

इस काव्य-संग्रह में 1968 ई. के उपरान्त की रचनाएँ हैं। रचनाओं की बुनावट और भाव-बोध नवगीत की तर्ज पर है। चाँदनियों का आँगन में उतरना और भोरे बनजारे मन के सहारे गीत का आरम्भ होता है। यहाँ अल्हड़ दिग्वधू और पश्चिम का ताँबिया सिंदोरा लुढ़क गया अर्थात् शाम का सूर्य ढलने लगा है जहाँ दिन रूपी प्रियतम और रात रूपी प्रियतमा का मिलन बिन्दु है–

"चाँदनियाँ फिर उतरी आँगन!
ओरे, भोरे बनजारे मन!!
अल्हड़ दिग्वधुओं से लुढ़क गया
पच्छिम में ताँबिया सिन्दोरा;
नभ की नीली-नीली लहरों पर
उतराया चाँद का कटोरा!"

इसी प्रकार पछुवा का पीठ थपथपाना, बरगद के होंठ का बुदबुदाना, नीमों का हिन्दोला और बाँसों का पास का कितना सुन्दर प्रयोग हुआ है। मधुमासी मन की कल्पना करके कवि ने गीत को दिशा दी है। खिड़की से चन्दन का महकना और सर्पीले मन के बीच अत्यन्त माधुर्य विद्यमान है जहाँ चन्दन में सर्प का लिपटना मदमस्ती का प्रतीक बन गया है।

गीत से हटकर नये-नये प्रयोगों को कवि ने प्रगीतों में भरा है। 'नीले आकाश का निमन्त्रण' है और सिकुड़े, सँकरे शब्द का प्रयोग काव्य-विकास-यात्रा को एक नयी दिशा की ओर अग्रसर कर रहा है।

'ओ ऋतु पुरोधाओ' में परम्परित परिवेश को नकारना और नवता का आग्रह है। यज्ञ के ब्रह्मा और ऋतु पुरोधाओं के मन्त्र निष्प्रभावी होने लगे हैं, वैदिक ऋचाएँ अपना अर्थ खोने लगी हैं। प्रासंगिकता के बहाने कवि काव्य का वातावरण ही बदलने के लिए प्रयत्नशील है। वह जनहित के प्रति चिन्तनशील है। यही चिन्तना-शक्ति काव्य में लोकतान्त्रिक मूल्यों की स्थापना करने में समर्थ हुई है।

कविवर 'क्षेम' मंच के कवि थे। कवि ने जीवन-परिवेश का वर्णन बड़ी समझदारी

से किया है। इसका उदाहरण उनका 'संकल्प गीत' है–

"अपना संकल्प टँका काल के कगार पर।
एक दिया अँजली में, एक दिया धार पर।।
धूप-धूप तड़पाये–
प्यासा पन्थी, आये!
एक कलश आँगन में, एक कलश द्वार पर!
एक दिया अँजली में, एक दिया धार पर!!"

काल रूपी ऊँचे टीले पर मेरे जीवन का लक्ष्य सिला हुआ है अर्थात् मेरे करने का निश्चय सर्वविदित है। एक दीपक मेरे कर सम्पुट में है और एक दीपक मैंने जल-धारा को समर्पित कर दिया है। बटोही के स्वागत में जल भरा एक कलश द्वार पर रखा हुआ है। रूपक, छेकानुप्रास और 'धुन्ध धूप' में मानवीकरण द्रष्टव्य है।

कल्पना का साकार होना और अनुभव के लाभ का मिलना कवि को गति देने वाला है। वह अगले स्वप्न के साकार होने की भी कल्पना करता है। एक दीपक का हाथ में रखना और एक दीपक को दूरस्थ प्रदेश को प्रकाशित करने में आधुनिक सामाजिक जीवन बोध के बीच कवि ने विकास की कल्पना की है।

कवि चाहता है कि उसके पैरों के निशान जहाँ भी बनें वहाँ प्रेरणा का एक स्थायी स्रोत बन जाए। मेरा एक पैर यदि कोमल धान के खेत में हो तो अगला कदम कठोर पठार की नाप-जोख करने वाला हो। भाषा में ध्वन्यात्मकता है।

# 'कृष्ण-द्वैपायन' का कथा-सूत्र

'कृष्ण-द्वैपायन' महाकवि 'क्षेम' का वैचारिक महाकाव्य है। अन्तर्मन के अतिरिक्त इसमें 18 सर्ग हैं। इसकी कथा उन्होंने कई स्थानों से ग्रहण की है। 'कृष्ण-द्वैपायन' महाकाव्य की कथावस्तु का उल्लेख महाभारत और 'श्रीमद् भागवत' पुराण में मिलता है। पौराणिक मान्यता के अनुसार देव लोक में रहने वाली अद्रिका नाम की अप्सरा को किसी कारण मछली के रूप में जन्म लेना पड़ा। वह यमुना नदी में रहने लगी। एक बार उपरि चरवशु नामक राजा वन में आखेट हेतु निकले थे। इसी बीच कामदेव के प्रभाव में आने के कारण राजा के शरीर से वीर्य का स्राव हुआ। उस वीर्य को पत्तों से निर्मित दोने में रखकर राजा उसे पक्षियों के माध्यम से अपनी पत्नी के पास भेज रहे थे। रास्ते में, दोने में रखा वीर्य, पक्षियों की छीना-झपटी के कारण यमुना नदी के जल में गिर गया। वीर्य का कुछ अंश मछली के रूप में, यमुना जल में विद्यमान अद्रिका के मुख में प्रवेश कर गया। कुछ समयोपरान्त उसी मछली के पेट से एक कन्या का जन्म हुआ, जो बाद में 'मत्स्यगन्धा', 'योजनगन्धा' और सत्यवती जैसे नामों से जानी गयी।

इधर महर्षि वशिष्ठ के पौत्र पराशर, समाज में व्याप्त विकृतियों के प्रति चिन्तनशील हुए। उन्होंने सोचा कि 'मनुस्मृति' अब तक धर्मशास्त्र का एक महत्त्वपूर्ण ग्रन्थ रहा, जिसके आधार पर देश व समाज का संचालन होता रहा है। इस 'मनुस्मृति' में कुछ क्षेपकों को अनावश्यक रूप से जोड़ दिया गया, जिससे इमसें कठोरता आ गयी। उक्त ग्रन्थ में जहाँ कुछ आदर्श सूक्तियाँ हैं, वहीं कुछ रूढ़िवादी चिन्तन भी प्रविष्ट हो गया है। समाज के निचले वर्ग को न्याय से वंचित होता देख मुनि के मन में एक छटपटाहट उठी। धर्म को नये सिरे से निर्धारित किये जाने की आवश्यकता का अनुभव करते हुए ऋषि पराशर अपने पितामह का चरण-स्पर्श करके घर से निकल पड़े।

नव संस्कृति का संकल्प धारण किये हुए ऋषि यमुना नदी के तट पर पहुँचे। वहाँ यमुना के नीलभी जल में नाव खेती हुई सत्यवती उन्हें दिखाई पड़ी। ऋषि को लगा कि लावण्यमयी सत्यवती के रूप में, उनके जीवन की सारी तपस्या फलीभूत हो

गयी। मुनि का मन उस निषाद-कन्या के अथाह सौन्दर्य-सागर में डूबने-उतराने लगा। दूर-द्रष्टा पराशर को यह भी आभास हो गया कि उनके तप के प्रतिफल के रूप में व्यास, इसी निषाद-बालिका के आँचल में छिपे हैं। मुनि सत्यवती से प्रणय-याचना करने लगे। सत्यवती उन्हें बताती है कि वह एक धीवर-कन्या है। एक तपस्वी के साथ उसका संयोग उचित नहीं है। पराशर पुनः सत्यवती को समझाते हुए कहे कि जो ग्रह-लग्न इस समय विद्यमान हैं, इसी में हम दोनों को कुहरे से आच्छादित द्वीप में चलकर एकान्तवास करना होगा। मैं तुम्हें एक अनुपम तेज का दान करूँगा जो तुम्हारे आँचल में पलेगा। इस समाज को एक क्रान्तिकारी उद्धारक देने के लिए हमें अपना तप और तुम्हें अपना कौमार्य दान कर देना, धर्म-विरुद्ध नहीं होगा। मुनि पराशर और सत्यवती के संयोग से वेद-व्यास का जन्म हुआ। शरीर से श्याम और द्वीप में जन्म लेने के कारण उन्हें 'कृष्ण-द्वैपायन' की संज्ञा प्राप्त हुई।

पराशर, बाल्यावस्था में ही व्यास को अपने आश्रम में ले आये। उन्हें भली-भाँति शिक्षित किया। एक दिन ऋषि कुमार व्यास को प्रथम मन्वन्तर की एक घटना का स्मरण हुआ। भगवान विश्वकर्मा की पुत्री संज्ञा, अपने पति सूर्य का घर छोड़कर पिता के घर आ गयी। विश्वकर्मा ने उसे पुनः अपने पति के घर वापस जाने हेतु आदिष्ट किया। पिता की आज्ञा का पालन संज्ञा ने नहीं किया। इस पर कुपित होकर विश्वकर्मा ने अपनी पुत्री को श्राप दे दिया। पिता के श्राप को अंगीकार कर लेने के पश्चात संज्ञा ने पिता से कहा कि संसार को ज्योति प्रदान करते हुए सुख बाँटना ही सूर्य का कर्तव्य है। इसके विपरीत वह अंगारे बरसाकर लोगों को कष्ट देने लगे तो ऐसे पति की सहधर्मिणी बनना मुझे स्वीकार नहीं।

व्यास ने सोचा कि यह प्रकरणिका अत्यन्त मार्मिक एवं सन्देशप्रद है। व्यास दिन-रात धर्म-अधर्म, ससीम-असीम, सगुण-निर्गुण और भौतिकता-आध्यात्मिकता आदि बिन्दुओं पर चिन्तन-मनन किया करते थे। माता-पिता की अनुमति प्राप्त करके व्यास संस्कृति में व्याप्त कुरीतियों के निवारण हेतु निकल पड़े। एक बार नैमिषारण्य में ऋषियों का विशाल सम्मेलन आयोजित हुआ। उक्त सम्मेलन का निमन्त्रण पाकर व्यास ने अपने शिष्यों–'पैल', 'जैमिनी', वैशम्पायन आदि के साथ नैमिषारण्य के लिए प्रस्थान किया। शिष्यों के द्वारा महाभारत के विभिन्न पात्रों-भीष्म, कर्ण, द्रोणाचार्य, अश्वत्थामा, युधिष्ठिर, अर्जुन, जनमेजय आदि के गुणों-दोषों से सम्बन्धित उठाये गये प्रश्नों का उत्तर अपने चिन्तन के माध्यम से देकर व्यास ने उनकी जिज्ञासाओं को शान्त किया। व्यास के शिष्यों ने जिन-जिन समस्याओं को लेकर प्रश्न उछाले थे सहस्रों वर्षों बाद भी वे आज के परिवेश में प्रासंगिक हैं। महर्षि वेद-व्यास की क्रान्तिकारी दृष्टि ने राजनीतिक एवं सामाजिक ही नहीं अपितु राष्ट्रीय समस्याओं का समाधान प्रस्तुत किया है।

## अन्तर्नमन

'कृष्ण-द्वैपायन' महाकाव्य की रचना के पीछे लोकतान्त्रिक मूल्यों की स्थापना का उद्देश्य निहित है। कवि ने व्यास के उपदेशों के माध्यम से समाज में व्याप्त विषमताओं को दूर करने का प्रयास किया है। महाकाव्य के प्रथम सर्ग 'अन्तर्नमन' में ही कवि कहता है–

"जन-न्याय और समता हो जिसकी रणगीता
मानव का मूल्यापन हो जिसका विजय-तूर्य,
अपने आतप से जो हर ले लोकान्धकार,
इतिहास-गगन का वही दहकता हुआ सूर्य।"

तथा–

"जन-चिन्तन, जन-संस्कृति हो जिसकी धर्मधुरी,
जो आत्म दाह कर स्वयं दान में तर्पित है।
यह शब्द-सुमन, अर्चा हो उसी देवता की,
यह अर्घ्य 'कृष्ण-द्वैपायन' उसे समर्पित है।।"

इन पंक्तियों के माध्यम से स्पष्ट होता है कि मानवीय मूल्यों की रक्षा हेतु कवि ने समाज को प्रेरित करने का प्रयास किया है।

## प्रवेश सर्ग

प्रवेश सर्ग में कृष्ण-द्वैपायन 'व्यास' के महत्त्व का वर्णन किया गया है। व्यास को कवि ने संस्कृति रूपी गंगा को लाने वाले भगीरथ के रूप में चित्रित किया है।

"आगे बढ़े चले व्यास भगीरथ
पीछे बही चली संस्कृति गंगा।"

पंक्तियों के माध्यम से व्यास को भारतीय संस्कृति का अग्रदूत बताया गया है। साथ ही कामदेव को कवि ने प्रणाम किया है जो व्यास की उत्पत्ति का कारण बना।

"उस काम को कोटि प्रणाम मिले
जिस काम से विश्व को व्यास मिला।"

प्रथम सर्ग का नामकरण प्रवेश सर्ग के रूप में हुआ है।

कवि का मानना है कि इतिहास के निर्माण में केवल राजाओं-महाराजाओं का ही योगदान नहीं रहा है। समाज के दबे-कुचले वर्ग की भी इतिहास की संरचना में महत्त्वपूर्ण भूमिका रही है। कवि ने अपना मन्तव्य इन पंक्तियों में व्यक्त किया है–

"जिससे नव छन्द में मन्त्र मिले,
वह एक सुगन्ध की मालिका थी।

जब चन्द्र का वंश था मन्द हुआ,
वह ही तो बनी कुल-पालिका थी?
इतिहास अकेले किसी का नहीं,
इसमें सबकी जुड़ी तालिका थी।
इस देश को व्यास दिया जिसने
वह एक निषाद की बालिका थी।।''

कवि व्यास को जन साधारण का प्रतिनिधि मानता है। उसका मन्तव्य है कि व्यास ने वेद में सिमटे हुए ज्ञान को पुराणों के माध्यम से सर्व-सुलभ बनाया है।

"आते नहीं जो प्रभा के पुराण तो
वेद की वाणी पड़ी रह जाती।"

पंक्तियों द्वारा व्यास की महत्ता का वर्णन किया गया है।

## पराशर की बहिरन्तर यात्रा

द्वितीय सर्ग में वशिष्ठ मुनि के पौत्र पराशर का वर्णन है। एक बार पराशर के मन में विचार उठता है कि संस्कृति एक विचित्र मोड़ पर पहुँच गयी है। कुछ लोग भौतिकता के पीछे भाग रहे हैं तो कुछ ऐसे भी लोग हैं जो अध्यात्म के प्रति निष्ठावान हैं। कुछ जन्म से ही महान बने हैं तो कुछ वर्ण की महत्ता स्थापित करने में लगे हुए हैं। ऐसी स्थिति में सत्य को नये सिरे से निर्धारित करने की आवश्यकता का अनुभव करते हुए ऋषि पराशर अपने पितामह का चरण-स्पर्श करके घर से चल देते हैं। ऋषि के मन में विचार उठता है कि मनु-स्मृति में कुछ आदर्श हैं तो कुछ कठोरताएँ भी हैं। समाज की व्यवस्था वर्ण-प्रधान न होकर कर्म-प्रधान होनी चाहिए। क्योंकि समाज के सभी लोगों को एक समान महत्त्व मिलना चाहिए। ऋषि पराशर सोचते हैं कि संस्कृति में अब तक अभिजात्य वर्ग को ही महत्त्व मिलता रहा सामान्य जन तो उपेक्षित ही है–

"मुनि सोचते आत्म अहंकृति में
जन-सत्य बड़ों ने पुकारा नहीं।
दिखती कहीं लोक मनीषा नहीं,
जगती जन की हितधारा नहीं।।
छिड़ा आर्य-अनार्य का द्वन्द्व जहाँ,
सच पाने का कोई सहारा नहीं।
नभ में यहाँ तारे असंख्य तो हैं,
जन-भाग्य का कोई भी तारा नहीं।"

इस तरह के विचारों में मग्न होकर पथ पर चलते-चलते ऋषि यमुना नदी के

किनारे पहुँचते हैं जहाँ प्रकृति अपनी सुषमा बिखेरे हुए है। वहाँ एक रूपवती बालिका नाव चलाती हुई नदी में दिखाई पड़ती है।

## सत्यवती मिलन सर्ग

'कृष्ण-द्वैपायन' महाकाव्य का तृतीय सर्ग 'सत्यवती मिलन सर्ग' है। इसे महाकाव्य का सबसे महत्त्वपूर्ण सर्ग माना जाता है। शृंगार रस का उत्कृष्ट रूप इसमें परिलक्षित होता है। यमुना नदी में नाव लेकर सत्यवती जब नदी के एक कूल से दूसरे कूल की ओर जाती है तो पराशर को लगता है जैसे कोई तितली एक फूल से दूसरे फूल की ओर जा रही हो। ऋषि को सत्यवती एक ऐसी नदी के रूप में दिखाई पड़ती है जिसकी तट रूपी भुजाओं के बीच सौन्दर्य की धारा प्रवाहित हो रही है। सत्यवती के प्रत्येक अंग पराशर को अनंग यानि कामदेव के घाट के रूप में दिखाई देते हैं। कवि ने अपनी प्रतिभा से मानव का अद्‌भुत प्रकृतीकरण प्रस्तुत किया है। संस्कृत के महाकवि माघ की उक्ति है–'क्षणे-क्षणे यन्नवताममुपैति तदेव रूपम् रमणीयताया' अर्थात् जो वस्तु क्षण-प्रतिक्षण नव से नवतर प्रतीत हो वहीं वास्तव में सौन्दर्य की प्रतिमान है। साहित्य वाचस्पति डॉ. श्रीपाल सिंह 'क्षेम' ने अपने महाकाव्य में रमणीयता के इस स्वरूप को काव्यायित किया है। ऋषि पराशर को सत्यवती कभी याग अर्थात् यज्ञ के रूप में, कभी फाग अर्थात् वसन्त के रूप में, कभी आग यानि अग्नि तो कभी जल के रूप में आभासित होती है। सत्यवती के सौन्दर्य वर्णन की निम्न पंक्तियाँ द्रष्टव्य हैं–

"कभी याग लगे, कभी फाग लगे,
कभी आग लगे कभी पानी हुई है।
कवि-कर्म से ज्यों अनुभूति जुड़ी,
नयी सर्जना की अगवानी हुई है।।
देख रहे मुनि विस्मय में,
विधि से भी बड़ी मनमानी हुई है।
किसी पंकजा की पँखुरी से झरी,
कोई ओस की बूँद सयानी हुई है।।"

कवि ने–

"या तप का फल आँचल में लिए,
सामने मेरी तपस्या खड़ी है।।"

पंक्तियों के माध्यम से ऋषि की मनोदशा का अनुपम चित्रण किया है।

## अवतरण सर्ग

अवतरण सर्ग में ऋषि पराशर एवं सत्यवती के मिलन की कथा निहित है। ऋषि सोच रहे हैं कि शुभ ग्रहों और नक्षत्रों का अद्‌भुत संयोग है। ऐसी स्थिति में उनका

सत्यवती से संयोग होता है तो एक असाधारण प्रतिभा का आविर्भाव होगा जो समाज में व्याप्त नाना प्रकार की विसंगतियों को दूर कर सकता है। ऋषि के मन में कामदेव का ज्वार उठने लगा। सत्यवती के सौन्दर्य पर मुग्ध पराशर उससे उसका परिचय पूछते हैं। सत्यवती मुनि को बताती है कि वह धीवरों की कन्या है जो पिता की आज्ञा से निःशुल्क ही नाव से लोगों को पार उतारती है। यही उसका धर्म है। ऋषि उसे धर्म के महत्त्व को समझाते हुए कहते हैं कि लोक-हित में अपने छोटे-छोटे हितों का त्याग करना ही धर्म है। ऋषि सत्यवती से प्रणय की याचना करते हैं। सत्यवती उनकी याचना को शास्त्र निषिद्ध बताती है। पराशर उसकी आशंकाओं का अपने उपदेशों से समाधान करते हुए उसे प्रणय हेतु तैयार कर लेते हैं। यमुना नदी में कुहरे से आच्छादित द्वीप में ऋषि और सत्यवती का एकान्तवास होता है। इसके उपरान्त सत्यवती ऋषि के तेज को अपने गर्भ में धारण करती है। समय आने पर उसके गर्भ से व्यास का अवतरण होता है। व्यास की उत्पत्ति के पीछे अनेक कारण हैं। जैसा कि कवि कहता है–

"मुनि ने शिशु की अवतारणा की,
तो प्रयोजन था कुछ कारण था।
थे समाज में प्रश्न अनेक खड़े,
उसी से उनका भी निवारण था।।
जन के अधिकारों की बात भी थी,
कुछ होना नया अवधारण था।
उत्पत्ति न थी एक बालक की,
द्वैपायन का अवतारण था।"

## उन्मेष सर्ग

महाकाव्य का पंचम सर्ग उन्मेष सर्ग है। इसके अन्तर्गत कृष्ण-द्वैपायन के मन में प्रथम मन्वन्तर की घटना का एक चित्र उभरता है। सृष्टि निर्माता विश्वकर्मा की पुत्री संज्ञा अपने पति सूर्य का घर त्याग कर अपने पिता के घर आ गयी। पिता ने उसे अपने पति के पास जाने के लिए आदेश दिया किन्तु संज्ञा ने पिता की बात नहीं मानी। क्रुद्ध होकर विश्वकर्मा ने अपनी पुत्री को श्राप दे दिया। संज्ञा ने पितृ-श्राप को स्वीकार कर लिया। वह पति के घर जाने के लिए तैयार नहीं हुई। उसने पिता को बताया कि विश्व को ज्योति प्रदान करके सुख पहुँचाना सूर्य का कर्तव्य होता है। यदि वह अपनी प्रचण्ड किरणों से संसार को कष्ट पहुँचाने लगे तो ऐसे पति के साथ वह नहीं रह सकती। व्यास को लगा कि यह लघु प्रकरणिका अत्यन्त उपदेशप्रद है। इसमें विश्व के कल्याण का तथ्य निहित है। इसमें भौतिकता के साथ-साथ

आध्यात्मिकता भी समाई हुई है। द्वैपायन विचार करते हैं कि यह संसार ब्रह्म लीला का साक्षात् मंच है। कण-कण उस ब्रह्म के केन्द्र बिन्दु हैं। प्रत्येक व्यक्ति मृत्यु को जीतना चाहता है। हर एक पुरुरवा उर्वशी को पाने तथा यौवन को अपनी मुट्ठी में कैद करना चाहता है। इस प्रकार के तरह-तरह के मानवीय एवं सांस्कृतिक बिन्दुओं से सम्बन्धित प्रश्न उनके मन में उठने लगते हैं। द्वैपायन गिरिकन्दरा से बाहर निकले तो उन्हें पिता पराशर के दर्शन हुए। पराशर उनका अलसाया, थका-माँदा शरीर देखकर कहने लगे कि इतना चिन्तन मत किया करो। चिन्तन की भी एक सीमा होती है। व्यास पिता को प्रणाम करके कहते हैं कि गुरुदेव आप से ही मैंने शिक्षा प्राप्त की है। आपके उपदेशों से ऐसा आभास हो रहा है कि ईश्वर की इच्छा नये समाज की संरचना करने की है। हमारी परम्पराओं में जो विषमता की लताएँ उग आयी हैं उन्हें दूर करने हेतु समरसता की स्थापना करना है।

## मातृ-बोध

कृष्ण-द्वैपायन महाकाव्य का छठा सर्ग 'मातृ-बोध' है। इसमें व्यास ने 'माँ' के महत्त्व का वर्णन किया है। वे कहते हैं कि माँ के पवित्र प्रेम में स्नान करना, उसके आँचल के तले रहकर अमृत पान करना मुझे याद है। माता अपने शिशु की नींद सोती है और शिशु के जगने पर वह भी जग जाती है। वैसे मैं मोह के बन्धनों को भूल जाना चाहता हूँ, पर माँ की ममता अपनी ओर खींच ही लेती है। सृष्टि-सर्जन की व्यथा नारी की कथा में मिलती है। वैराग्य का आवरण माँ के वात्सल्य को ढक नहीं सकता। माँ वस्तुतः जगदम्बिका स्वरूपा होती है। कोई रागी हो अथवा वैरागी, कायर हो या वीर, माँ के वात्सल्य रूपी फूलों से पत्थर भी टूट जाते हैं। माँ पुत्र सुख रूपी मानसरोवर में कमलिनी की भाँति होती है। यम, नियम, आसन और प्राणायाम तभी सार्थक होंगे जब माँ को आदर मिले। द्वैपायन कहते हैं कि जब उन्हें पिता के साथ घर छोड़ना पड़ा था, उस समय माँ से विदा लेने का दहकता हुआ क्षण याद आ रहा है। वे अनाथमना होकर पिता के साथ चल पड़े थे। उस समय माँ फफककर रो पड़ी थी। पिता पराशर के समझाने से माँ के नयनों के आँसू थमे। माँ ने कहा कि मेरे रुदन से आपकी यात्रा भंग नहीं होनी चाहिए। यह पुत्र आपका शिष्य हो गया। इस पर आप कृपा करें अब तो हमारा साथ छूट ही रहा है। आपके उपदेशों से यह बालक योग्य बन गया तो माँ की लघुता और पिता की गरिमा दोनों धन्य हो जाएँगी। पराशर ने व्यास की माँ को समझाया कि वे घर-बार छोड़कर निरर्थक नहीं घूम रहे हैं। वे लोक-मंगल की कामना से निकले हैं। वे वासना के वशीभूत होकर नहीं अपितु दैवी कारण से तुम्हारे प्रति आकर्षित हो गये। व्यास माता-पिता के बीच हुए संवाद को स्मरण करते हुए भाव-मग्न हो गये। वे कहते हैं कि पिता के चरणों में

रहते हुए उन्हें जो ज्ञान मिला है उसके द्वारा वे माता के ऋण को चुकाएँगे। द्वैपायन कहते हैं कि माँ! तुम पति और पुत्र से वंचिता होकर भी शोक मत करना। पिता की प्रेरणा से तुम्हारा पुत्र एक महान कार्य करेगा। व्यास माँ से इस हेतु आशीर्वाद की याचना करते हैं कि वे संसार की भलाई के लिए कुछ कर सकें–

"अन्य मुझको चाहिए कुछ भी नहीं धन-धाम।
दो मुझे आशीष, कुछ आ सकूँ जग के काम।।"

## संस्कृति-संचेत

'कृष्ण-द्वैपायन' महाकाव्य का सप्तम सर्ग 'संस्कृति-संचेत' है। इसके अन्तर्गत संस्कृति और सभ्यता जैसे बिन्दुओं पर व्यास मुनि ने अपना अमूल्य मन्तव्य व्यक्त किया है। एक बार नैमिषारण्य में ऋषियों का विशाल सम्मेलन आयोजित हुआ। उक्त सम्मेलन का निमन्त्रण पाकर द्वैपायन ने अपने शिष्यों–शुक, पैल, जैमिनि, सुमन्तु और वैशम्पायन के साथ नैमिषारण्य के लिए प्रस्थान किया। नैमिषारण्य पहुँचने के बाद व्यास एक पीपल-वृक्ष के नीचे बैठ गये। उनके शिष्य जैमिनि ने अपनी जिज्ञासा व्यक्त करते हुए कहा कि गुरुदेव! 'संस्कृति' शब्द तो बहुत दिनों से सुनने में आ रहा है किन्तु इसका गहन तत्त्व समझ में ही नहीं आता। मुनि अपने शिष्य की जिज्ञासा को शान्त करते हुए कहने लगे कि यह सृष्टि प्रभु की या पुरुष और प्रकृति की अविरल लीला है। इसमें जो कुछ होना है होगा ही, परन्तु मूल प्रश्न यह उठता है कि हमने इसका भोग किस प्रकार किया? सामान्य अथवा निम्न श्रेणी के लोग नग्न अस्तित्व-भोग की धारा में बहते हैं। सन्त, ज्ञानी और संन्यासी भोग को मायाजन्य कहते हैं। संस्कृति शब्द 'कृति' शब्द में 'सं' उपसर्ग के मिलने से बनता है। मनुष्य को संस्कारित करना ही संस्कृति का सन्देश है। सत्यम्, शिवम्, और सुन्दरम् ही इसका उद्देश्य है। संस्कृति हमारे धर्मों, कर्मों और आचरणों में झलकती है। इसमें लोक मंगल की भावना निहित होती है। शान्ति की स्थिति में यह मन्त्र बन जाती है तो अशान्ति फैलने पर युद्ध के लिए प्रेरित करने वाली भागवत् गीता बन जाती है। पुरुषार्थ चतुष्टय–धर्म, अर्थ, काम और मोक्ष सभी संस्कृति की नींव पर खड़े हैं। इहलोक और परलोक का समन्वय संस्कृति में निहित है। सभ्यता तो संस्कृति का बाह्य रूप है। संस्कृति शिष्ट लोगों के मध्य में जाकर शास्त्रीय बन जाती है। सामान्य जनों में आकर यह जन-संस्कृति का रूप धारण कर लेती है। इसकी सत्ता महलों के प्रकाश से लेकर झोंपड़ियों के अँधियारों तक में फैली हुई है। संस्कृति के निर्माण में इतिहास और भूगोल का भी योगदान रहता है। संस्कृति दूसरों से घृणा करने का सन्देश नहीं देती। दूसरों को कष्ट पहुँचाना पाप और दूसरों की भलाई करना पुण्य है। यह विचार संस्कृति के माध्यम से मिलते हैं। संस्कृति का प्रवाह अवरुद्ध

हो जाने पर शासन में मत्स्य न्याय का सिद्धान्त व्याप्त हो जाता है। सांस्कृतिक मूल्यों के विघटन से आचरण दूषित हो जाता है। ये भौतिक साधन-संसाधन अंगार उगलने लगते हैं। सभ्यता और संस्कृति के सम्बन्धों को बताते हुए द्वैपायन कहते हैं कि सभ्यता यदि सुन्दरता से आच्छादित राजमार्ग का सुन्दर रथ है तो संस्कृति घर-आँगन और खलिहानों को जोड़नेवाला रास्ता है। द्वैपायन कहते हैं कि संस्कृति की धारा जन साधारण तक प्रवाहित होनी चाहिए—"शास्त्रों के कूपों के जल को प्रांगण घट तक जाना होगा। जैमिनि, संस्कृति की धारा को जन-खेतों तक आना होगा।"

## सावित्र-द्रौणि

'कृष्ण-द्वैपायन' महाकाव्य का अष्टम सर्ग सावित्रि-द्रौणि है। इसके अन्तर्गत महाभारत के महत्त्वपूर्ण पात्रों—भीष्म, कर्ण, द्रोणाचार्य आदि के चरित्र में व्याप्त सद्‌गुणों और दुर्गुणों पर द्वैपायन के शिष्य जैमिनि ने उनका ध्यान आकृष्ट किया है। जैमिनि ने अपने मन की आशंका व्यक्त करते हुए कहा कि गुरुदेव! आपने 'जय' अथवा 'महाभारत' जैसा महाकाव्य रचा। अनेक संहिताएँ रचीं। ज्ञान की गीता प्रवाहित की। देव-पितरों, मनुष्यों और गन्धर्वों के हित में आपका यह कार्य महान है। आपने धर्म, ज्ञान और संस्कृति की त्रिवेणी प्रवाहित की, फिर भी मनुष्य दानवता से दूर नहीं हो पा रहा है। यह एक यक्ष प्रश्न है। भगवान श्रेष्ठ थे, विदुर अत्यन्त सात्विक थे। इन महापुरुषों के कारण द्वापर युग का महत्त्व बढ़ा, किन्तु महाभारत के अनेक पात्रों के चरित्रों में विषमता देखने को मिलती है। एक क्षण जो आकाश की ऊँचाई पर है तो दूसरे क्षण वही घाटी में पड़ा दिखाई देता है। भीष्म, द्रोणाचार्य, युधिष्ठिर, कर्ण, अश्वत्थामा आदि किसी-न-किसी अन्तर-रोध से ग्रसित रहे। द्वापर में न्याय की पुकार नहीं सुनी गयी। कृष्ण की गोपियों को भील लेकर भागे। अर्जुन का गांडीव तब कहाँ था? प्रभु ने भी भील के तीर से अपने शरीर को दिया। इन प्रश्नों को ध्यानपूर्वक सुनकर द्वैपायन बोले कि काल की गति को कोई रोक नहीं सकता। ईश्वर के सभी अवतार काल के पटल पर ही हुए हैं। महाभारत की जहाँ तक बात है, जिन्हें युग का कल्याण करने की शक्ति प्राप्त हुई थी, वे स्वयं की ग्रन्थियों में ही उलझे रहे। जिनसे युग को न्याय मिलता ऐसे भीष्म वंश सत्ता तक ही केन्द्रित रहे। राज-सत्ता से विरत होने पर भी वे युद्ध का बोझ ढोते रहे। वे शक्ति और साहस के हिमालय थे पर उन्हीं के नेत्रों के सामने अन्याय होता रहा। उनकी सत्य प्रणता व्यक्ति आधारित न होकर लोकहित पर आधारित होनी चाहिए थी। गुरु द्रोणाचार्य प्रतिशोध की दुर्भावना से मुक्त नहीं हो सके। द्रोण को अर्जुन और अश्वत्थामा की भाँति एकलव्य को भी शिक्षा देनी चाहिए थी। योग्य प्रतिभा को अवसर न मिलना लोक-हित के विपरीत है। आचार्य बुद्धि का विक्रेता नहीं होता। शिष्यों को अच्छा संस्कार देना उसका कर्तव्य होता है। द्वैपायन

कर्ण के विषय में अपना मत व्यक्त करते हुए कहते हैं कि वह शौर्य में अर्जुन से कम नहीं था, किन्तु वह वर्जनाओं के बीच ही भटकता रहा। 'द्रौपदी-चीर-हरण' के समय वह भी दुर्योधन की सभा में उपस्थित रहा। अभिमन्यु के वध में भी उसकी संलिप्तता रही। कर्ण भी भीष्म और द्रोण की भाँति अन्याय के ही पक्ष में खड़ा था। शक्ति-मद में न्याय सदैव उपेक्षित ही रहा। मैंने किससे क्या नहीं कहा, सभी कानों में रूई डाले बैठे थे। मुझे राज-आश्रय की चिन्ता नहीं थी। मैंने लोक-निष्ठा को केन्द्र में रखा। मैंने लोक-जीवन की नियति में झाँककर सोच के कुछ नये झरोखे दिये। 'महाभारत' में मैंने अपने अन्तर्विरोधों की चुभन को व्यक्त किया है। इस ग्रन्थ को युद्धों के वर्णन के कारण रक्त-रंजित भले ही माना जाय, इससे 'सत्यमेव जयते' का ही सन्देश मिलता है–

"महाभारत रक्त से है रचित जैमिनी,
पृष्ठ में इसके सदाशा ही मिली है।
लेखनी की चिर तपस्या के तपन में,
सत्य की, जय की पिपासा ही मिलेगी।।"

## गांगेय-ग्रन्थि

'कृष्ण-द्वैपायन' का नवम् सर्ग 'गांगेय-ग्रन्थि' है। द्वैपायन के शिष्यों को महाभारत के महत्त्वपूर्ण पात्र 'भीष्म' की कथा सुनने की जिज्ञासा उत्पन्न हुई है। व्यास ने बताया कि भीष्म वास्तव में 'वसु' थे। उन्हें इस पृथ्वी पर मनुष्य का रूप धारण करना पड़ा। वे अप्रतिम धनुर्धर थे। कौरव कुल में वे सिंहासन के अधिकारी थे, किन्तु प्रतिज्ञा के कारण वे आजीवन ब्रह्मचारी थे और सिंहासन से दूर रहे। भीष्म निर्मल हृदय के थे। उन्होंने दुर्योधन को समझाने का प्रयास भी किया, किन्तु उस द्रर्मति ने उनकी बात नहीं मानी। महाभारत युद्ध के नौ दिनों तक उनके तीरों की बौछार से पाण्डव सेना का धैर्य छूटने लगा था। दसवें दिन युद्ध के लिए प्रस्थान करते समय अपशकुन दिखाई पड़ा, किन्तु पिता से इच्छित मृत्यु का वरदान प्राप्त भीष्म रंच-मात्र भी विचलित नहीं हुए। कुरुक्षेत्र में पितामह भीष्म और अर्जुन के बीच घोर संग्राम हुआ। इसी बीच पूर्व निर्धारित योजना के अनुसार शिखण्डी पितामह के समक्ष उपस्थित हो गया। उसे देख गंगा पुत्र भीष्म को अम्बा नारी की कथा याद आ गयी। उन्हें शिखण्डी में अम्बा की आत्मा का बोध हुआ और शस्त्र उनके हाथों से छूट गया। तभी अर्जुन ने पितामह के शरीर को बाणों से छलनी कर दिया। भीष्म रथ से गिरे तो उनके शरीर में धँसे तीरों ने उन्हें धरती पर गिरने से रोक लिया।

शर-शय्या पर आरूढ़ पितामह को देखने के लिए युद्ध-रत सभी राजागण उन्हें देखने आ पहुँचे। इसी बीच पितामह को लगा कि जैसे उनके पिता शान्तनु आकर उनसे कह रहे हैं कि पुत्र! तुमने मेरे लिए आजीवन ब्रह्मचर्य धारण किया

और राजसिंहासन को तुच्छ समझा। तुम जैसा सुपुत्र कुरु-वंश में कोई नहीं होगा। भीष्म के मन में विचार उठता है कि प्रभु कृष्ण ने चक्र उठाकर मेरी प्रतिज्ञा बचाई। मेरे समान कौरव-कुल में कोई श्रेष्ठ नहीं था, फिर भी मैंने अनेक कुटिल प्रसंगों पर मौन रहकर गलती की। पाण्डवों को जब अपने कुल से न्याय नहीं मिला तो प्रभु ने अपनी माया का सहारा लिया। पितामह इस तरह सोच में डूबे हुए थे तभी कृष्ण और द्रौपदी समेत पाण्डव भी उनके समीप आ गये। भीष्म की दृष्टि द्रौपदी पर पड़ी तो वे सोचने लगे कि यह यज्ञ से उत्पन्न हुई है। इसके स्वभाव में अग्नि तत्त्व की प्रबलता है। इसी की व्यंगोक्ति से दुर्योधन प्रव्यथित हुआ जो बाद में युद्ध का कारण बना। पितामह को द्रौपदी-चीर-हरण के समय स्वयं के मौन रहने पर पश्चात्ताप हो रहा था। युधिष्ठिर, अर्जुन आदि के नेत्र आँसुओं से भरे थे। अर्जुन पश्चात्ताप कर रहे थे कि जिन पितामह ने उनका लालन-पालन किया उन्हीं को अपने ही हाथों से मैने वध कर डाला। अन्त में सभी लोगों ने पितामह से धर्म का तत्त्व जानने की इच्छा प्रकट की। भीष्म अपना विचार प्रकट करते हुए बोले कि केशव! मेरी कामना है कि यह धनु-संस्कृति न्याय-व्यवस्था का पोषक बने। यह संसार तो मरने के लिए ही जन्म ग्रहण करता है। यह सृष्टि पानी के बुलबुले की भाँति अस्थिर है। निजता की आसक्ति को ही ममता कहा जाता है। योगी-जन इसकी तुलना माया से करते हैं। पितामह कहने लगे कि मुझसे भी जीवन में अनेक भूलें हुई हैं जो महाअनर्थ का कारण बनीं। मैं तो अब इस संसार से विदा ले रहा हूँ अब कृष्ण ही युग की सुधि लेंगे। कृष्ण को प्रणाम करते और पाण्डवों को आशीर्वाद देने के बाद पितामह का सिर लटक गया। द्वैपायन ने अपने शिष्यों से कहा कि भीष्म जैसे लोगों से यह पृथ्वी सुशोभित हुई। उस दिन पितामह ने अन्तिम शब्द कहा कि शासक को निष्पक्ष होना चाहिए। उसे न्याय संगत बात निःसंकोच कहनी चाहिए।

> "दो दृष्टि न करे कभी शासक समदृष्टि रहे।
> सन्नाय अगर कहना है तो निःसंकोच कहे।।"

## गं-गं-गायिनी-गंगे

'कृष्ण-द्वैपायन' महाकाव्य के दसवें सर्ग का नामकरण 'गं-गं-गायिनी गंगे' के रूप में किया गया है। इसमें गंगा के धरा पर आगमन एवं उनकी महत्ता का वर्णन किया गया है। अपने शिष्यों को द्वैपायन बताते हैं कि गंगा का दर्शन वास्तव में भारत दर्शन है। भारत देश यदि परिधि है तो गंगा उसका केन्द्र है। गंगा ब्रह्मा के कमण्डल में रहती थी। विष्णु के नखों में भी सूक्ष्म रूप से विद्यमान थी। देव लोक से जम्बू द्वीप के भारत-खण्ड में राजा भगीरथ अपने पुरखों के तारण हेतु तपस्या के बल से गंगा को ले आये। जब गंगा ब्रह्मा का कमण्डल नीचे झुका तो आकाश में प्रकाश

भर गया। ब्रह्मा की ऊर्जा गंगा के रूप में पृथ्वी की ओर प्रवाहित हुई तो उस दृश्य को देवगण एकटक देख रहे थे। अपनी धारा के वेग से पर्वतों को कम्पायमान करती गंगा को देखकर दिक्पाल अवाक् से रह गये। अपने आँचल में गंगा को आते देख धरती प्रसन्न हो गयी। गंगा शिव की जटाओं में विश्राम करके पार्वती के सौन्दर्य की संगिनी बनी। गंगा तो आक्रोश के साथ धरती की ओर चली थी, किन्तु शिव की जटा रूपी वीणा की मधुर संगीत बन गयी। पर्वत-छिद्रों में टेढ़ी-मेढ़ी बहती हुई गंगा गंगोत्री पहुँची जहाँ बर्फ के टुकड़ों ने उन्हें अर्घ्य दिया। तरह-तरह की धातुओं तथा जड़ी-बूटियों ने उनका शृंगार किया। गंगा जिन-जिन क्षेत्रों से होकर गयी वहाँ-वहाँ हरियाली छा गयी। प्रयाग में गंगा का यमुना और सरस्वती नदियों से मिलन होता है। माँ विध्यवासिनी के धाम का स्पर्श करती हुई गंगा ने काशी की ओर प्रस्थान किया। आगे सरयू और नारायणी नदियों से गंगा का मिलन होता है। राजा भगीरथ के पीछे-पीछे चलती हुई गंगा ने बिहार होते हुए गंगा सागर तक यात्रा की।

### करुणा-कार्पण्य

'कृष्ण-द्वैपायन' महाकाव्य का ग्यारहवाँ सर्ग 'करुणा-कार्पण्य' है। प्रस्तुत सर्ग में द्वैपायन व्यास के शिष्य वर्षा का दृश्य देख रहे थे। आकाश से वारि की धाराएँ पर्वतों की चट्टानों पर गिर रही थीं और शिलाएँ जल-धाराओं के आघातों को मौन होकर सह रही थीं। वैशम्पायन के मन में विचार उठता है कि जब प्रकृति में ही हिंसा की भावना व्याप्त है तो मानव के मन में हिंसा का भाव क्यों न हो। वे सोचने लगे कि यदि पाण्डव अपने सात्विक गुणों पर ही स्थित रह गये होते तो महाभारत-युद्ध के रूप में हिंसा का नग्न-ताण्डव न हुआ होता। युद्धोन्माद में यह संस्कृति न बही होती। वैशम्पायन पुनः सोचते हैं कि यदि युद्ध के बाद पांडवों का एकछत्र साम्राज्य स्थापित हो गया तो वे स्वयं को गलाने हेतु हिमालय पर क्यों चले गये। इस प्रकार की विभिन्न आशंकाओं को समेटे हुए वैशम्पायन वेद-व्यास के पास पहुँचे। गुरु ने शिष्य की शंकाओं का समाधान करते हुए बताया कि महाभारत युद्ध में भगवान कृष्ण का कोई स्वार्थ नहीं था। उनका उद्देश्य तो न्याय का पथ-प्रशस्त करना था। आततायियों को दण्डित करने के लिए हिंसा उचित है। अन्याय के तने हुए तम्बुओं को ध्वस्त करने के लिए युद्ध आवश्यक हो जाता है। साधुजनों की रक्षा और दुष्टजनों को दंडित करने में प्रभु की रुचि है। जो व्यक्ति अपने दायित्वों से पलायन कर जाए तो समझो उसमें कृपण-भाव व्याप्त है। उसके अन्त में छिपा ईश्वर सोया हुआ है। जिसके हृदय में जन-रक्षा की भावना नहीं है तो समझो उसकी वीरता, उसका शौर्य सब झूठा है। करुणा वही सार्थक है जो सक्रियता उत्पन्न करे। करुणा की भावना जाग्रत होकर क्या करेगी जब मनुष्य निष्क्रिय ही रहा। महाभारत का रक्तपात प्रभु को

कभी प्रिय नहीं था। उन्हें तो दुर्मद संस्कृति की शल्य चिकित्सा करनी थी। वैशम्पायन पुनः प्रश्न करते हैं कि यदि सृष्टि नश्वर है तो हमें कर्म करने की आवश्यकता ही क्या है? इस पर द्वैपायन कहते हैं कि प्रभु से जो यह सृष्टि रूपी प्रसाद हमें मिला है, हर कोई उसका रस-पान करे। सद्भावों में स्वयं जिए और दूसरों को भी जीने दे। परमात्मा संसार रूपी वंशी को बजा रहा है। इस विराट लय में जो अवरोध उत्पन्न करे, उसे रोकना प्रत्येक सत्पुरुष का धर्म है। मनुष्य को अपनी आचार संहिता का पालन करना चाहिए। यदि अपने लोग भी उद्दण्ड हो जाएँ तो उन्हें दण्डित करने हेतु शस्त्र उठाना पड़ेगा। लोकहित में जो भी प्रयास किया जाए वह गौरव की वस्तु है। न्याय के विरुद्ध जीत भी मिल जाए तो वह व्यर्थ और निन्दनीय होगी।

"जन-हित में जो भी प्रयास हो वह निज में गौरव है।
न्याय-विरुद्ध मिले यदि जय तो वह क्षर-सुख रौरव है।"

## मृदा-बोध : भारत-दर्शन

'कृष्ण-द्वैपायन' महाकाव्य के बारहवें सर्ग का 'मृदा-बोध : भारत-दर्शन' के रूप में नामकरण किया है। शिष्यों समत द्वैपायन गंगा का दर्शन करके जब बद्रिकाश्रम पहुँचे तो उनके मन में हिमालय की उज्ज्वल आभा घूम रही थी। नर-नारायण की तपस्थली देखकर उनका रोम-रोम पुलकित हो रहा था। उनके शिष्य जैमिनि ने कहा कि गुरुदेव! भगीरथ के तप से प्रभावित होकर धरती पर उतरने वाली गंगा ने जिस देश का वरण किया, उस देश की मिट्टी के महत्त्व को बताने की अनुकम्पा करें। द्वैपायन बोले कि भारत वर्ष ऐसा प्रतीत होता है जैसे कोई विराट पुरुष मस्तक ऊँचा किये नीले सागर के जल में खड़ा है। हाथ में कमण्डल को लिए हो और अपना पैर शिला पर रखे हो। जिसके सिर पर ज्योति का छत्र है और पीछे से दुपट्टा लहरा रहा हो। रामेश्वरम् पुल ही शिला है। सागर की लहराती निर्मल जलधारा है। वह कमण्डल कुछ और नहीं अपितु चतुर्दिक समुद्र से घिरी हुई लंका है। युग को आलोक देने वाले सूर्य और चन्द्र उस विराट पुरुष के नेत्र हैं। सान्ध्य की स्वर्णिम अरुणिमा में बंग और असम प्रदेश स्थित हैं। किरणों की आभा सुन्दर उत्तरीय (दुपट्टा) का रूप ले रही है। गंगा, यमुना नदियाँ उस विराट पुरुष यानि भारत के शरीर पर उपवीत (जनेऊ) की भाँति लहरा रही हैं। अगणित सर-सरिताओं ने इसके स्वरूप को सृजित किया। इसी भारत की पावन धरा पर ऋषियों ने सूक्तों की रचना की। प्रतापी चन्द्रवंशी राजा के नाम के आधार पर इस देश का नाम भारत पड़ा। 'भारत' शब्द की व्याख्या प्रस्तुत करते हुए द्वैपायन कहते हैं कि 'भा' अक्षर प्रकाश अथवा ज्ञान का प्रतीक है। जो ज्ञान के अन्वेषण में 'रत' अथवा लीन रहे उसे भारत कहते हैं। प्रकाश अथवा ज्ञान में जब तक यहाँ के लोगों में अनुरक्ति है तभी तक 'भारत'

शब्द की सार्थकता है। द्वैपायन कहते हैं कि षड्ऋतुएँ अपनी तूलिका से इस देश को रंग-बिरंगा बनाती है। मलय, महेन्द्र, सहयाद्रि, ऋक्षवानविन्ध्य आदि पर्वत श्रेणियाँ भारत देश के सौन्दर्य में वृद्धि करती हैं। भारत का मस्तक केसर से सुशोभित है। (ध्यातव्य है कि केसर कश्मीर की महत्त्वपूर्ण उपज है।) विंध्याचाल भारत की मेखला (कमर में पहनने वाली करधनी) है। पाँच धाराओं वाला पंचनद इनके वक्षस्थल पर प्रवाहित है। असम, मणिपुर और गीतों से गुंजायमान बंग प्रदेश इसकी भूमि पर स्थित है। जहाँ वरुण की पुत्रियों के केश समूह लहराते हैं। द्वैपायन कहते हैं कि यहाँ कि मिट्टी साधारण नहीं है इसमें संजीवनी छिपी है। हमें स्वयं को धरती का पुत्र समझना चाहिए। मानवीय मूल्यों का संरक्षण करना हमारा कर्तव्य होता है—

"यह भाव रहे, हम धरा-पुत्र, यह पृथ्वी अपनी माता है।
इस धरती का हर शान्ति-पुत्र संम्मूल्यों का संत्राता है।"

## अवसाद सर्ग

'कृष्ण-द्वैपायन' महाकाव्य का तेरहवाँ सर्ग 'अवसाद सर्ग' है। इसमें द्वैपायन कहते हैं कि पिछले दिनों मेरे मानस-पटल पर जो रक्तिम आकाश उभरा था वही बाद में मूर्त रूप धारण करके पृथ्वी पर फैल गया। भीष्म जैसे विराट व्यक्तित्त्व के धनी पुरुष भी राज्य छत्र के प्रति निष्ठा व्यक्त करने में निन्दा के पात्र हुए। द्रोणाचार्य की प्रतिष्ठा भी सत्ता और गुरुत्व के बीच उलझकर रह गयी। विद्या रूपी सरस्वती नदी सबके लिए प्रवाहित होती है उसे किसी प्रकार का अवरोध सह्य नहीं होता। गुरु को शिष्य दक्षिणा में अपनी श्रद्धा और क्षमता के अनुसार जो भी दे उसे स्वीकार कर लेना चाहिए। द्वैपायन गान्धारी का उल्लेख करते हुए कहते हैं कि भूख की ज्वाला में वह अपने पुत्र के शरीर को भी भुला बैठी। वह शवों की सीढ़ियों का आरूढ़ होकर बेर का फल तोड़ने गयी। जिन पुत्रों की प्राप्ति हेतु वह आजीवन विकल रही, कौन जाने उसके पर उन्हीं पुत्रों के शवों पर न पड़ गये हों। व्यास धृतराष्ट्र की व्यथा का चित्रण करते हुए कहते हैं कि एक दिन धृतराष्ट्र ने कुन्ती और गान्धारी से कहा कि तुम दोनों पाण्डवों के पास चली जाओ। तुम आँखों से जीवन को देखो और अपना सार्थक जीवन जियो। इतना कहकर धृतराष्ट्र भूमि पर सिर रखकर सो गया। उसकी करुण दशा को देखकर वन के पत्ते भी रो रहे थे। बिना युद्ध के सूई की नोक भर भूमि न देने की बात करनेवाला दुर्योधन पूरी तरह से भूमिहीन हो गया। उसे चिता की आग तक नहीं मिली। संस्कृति की लम्बी यात्रा में मनुष्य युद्ध के हवन कुण्ड की आहुति बनकर रह गया। द्वैपायन आगे कहते हैं कि शिक्षा देनेवाले गुरुओं में यदि उदारता का अभाव रहेगा तो शिष्य की भी विचारधारा संकीर्ण हो जाएगी। इस तरह से शिक्षा-पद्धति दूषित होगी। वस्तुतः विद्या से मनुष्य संस्कार प्राप्त करता है। इससे उसमें

सदाचार जैसे गुण विकसित होते हैं तथा तरह-तरह के विकार दूर होते हैं। व्यास कहते हैं कि कुल का दीप बुझने न पाये इस हेतु मैंने नियोग विधि से सन्तानोत्पत्ति की। दुर्योगवश एक पुत्र नेत्रहीन हो गया। दूसरा पाण्डु शरीर से दुर्बल हुआ। पाण्डु वीर था, न्यायिक था किन्तु रोगग्रंस्त होकर शीघ्र ही दिवंगत हो गया। तीसरा पुत्र विदुर नीतिज्ञ था किन्तु श्रेष्ठता का दम्भ रखनेवाले उसे महत्त्व नहीं दिये। अन्धी ममता और घोर तृष्णा से ऐंठा हुआ धृतराष्ट्र स्वयं को ही राष्ट्र समझ बैठा। द्वैपायन कहते हैं कि राजनीति धर्म-विमुख हो जाय यह उचित नहीं, किन्तु राजनीति ही धर्म बन जाए तो यह भी ठीक नहीं है। फिर भी दोनों को एक-दूसरे का पूरक बनना होगा। अधिकार, अधिकारी और दायित्व-बोध इन तीनों के समन्वय से समाज का मंगल होगा–

"अधिकारी अधिकार और दायित्व बोध की त्रयता।
जब तीनों समरस हों, आती है मंगलमयता।।"

## विषाद सर्ग

'कृष्ण-द्वैपायन' महाकाव्य का चौदहवाँ सर्ग 'विषाद सर्ग' है। इसमें द्वैपायन कहते हैं कि श्रद्धा जीवन की मूल धुरी होती है। इससे हटकर इन्द्रियों के रास्ते पर चलना, अपनी कुटिल बुद्धि से स्वार्थ-सिद्धि हेतु मानवता के साथ छल करना, यह प्रवृत्ति उचित नहीं है। जब तक हमारे मन में समस्त जनों के प्रति आत्मीयता का भाव नहीं होगा तब तक हमारी जीवन-वृत्ति शुभकारिणी नहीं होगी। अट्ठारह दिनों तक हुए महाभारत युद्ध के उपरान्त सुप्त पड़े शस्त्रों की प्रतिध्वनियाँ आज भी गूँज रही हैं। इस युद्ध में इतिहास क्षत-विक्षत हो गया। मानवता पैरों से मर्दित हुई। क्षमा, करुणा, दया और निष्ठा जैसे मानवीय मूल्यों का नाश हो गया। संस्कृति के सारे साधन-संसाधन नष्ट हो गये। धरती पर रुधिर की धाराएँ प्रवाहित होने लगीं। उसमें यत्र-तत्र हड्डियाँ और मांस बिखरे पड़े हैं। पृथ्वी मानो गिद्धों और कौवों की क्रीड़ा-भूमि बन गयी। वशिष्ठ और विश्वामित्र के चिन्तन की शुभ नदियाँ मानो मरुभूमि में हिरनियों की भाँति हाँफ रही हैं। ये शास्त्र, संहिताएँ और स्मृतियाँ मनुष्य को क्या दे पाएँगी, जब वह अपने हृदय में स्थित नारायण से न मिल सके। चन्द्रवंश हो या यदुवंश दोनों में सुरा-सुन्दरी के प्रति आसक्ति व्याप्त हुई। श्रद्धा, आशा, निष्ठा जैसे मूल्यों का हनन हुआ। युधिष्ठिर भले ही सत्तासीन हुए, उनका राज्याभिषेक तो क्षत-विक्षत शवों के आसन पर ही हुआ। केवल कर्ण और दुर्योधन ही नहीं, भीष्म और द्रोणाचार्य के चन्द्रोज्ज्वल व्यक्तित्त्व में भी कुछ कालिमा झलकती है। प्रभु ने तो शान्ति-दूत बनकर न्याय और अन्याय के बीच विभाजक रेखा खींचने का कार्य किया। व्यास कहते हैं कि युद्ध-काल में शान्ति काल के नियमों का पालन सम्भव नहीं होता। उस समय योद्धा के मन में केवल विजय का लक्ष्य होता है। कभी-कभी झूठ या अधर्म भी

विजय का अंग बन जाता है। कृष्ण को तो अपने युग-धर्म का निर्वहन करना था। उनका लक्ष्य आततायियों को उनके दुष्कर्मों के परिणाम तक पहुँचाना था।

"प्रभु समक्ष था चरम लक्ष्य, अपना युग धर्म निभाना।
आततायि-जन को दुष्कर्मों के फल तक पहुँचाना।।"

## गीता-सुगीता

'गीता-सुगीता' महाकाव्य को पन्द्रहवाँ सर्ग है। व्यास के शिष्य पैल ने उनसे पूछा कि द्रौपदी पाँच पतियों की पत्नी थी। यदि बहुपति प्रथा समाज में चलेगी तो फिर पतिव्रत और पत्नीव्रत का क्या महत्त्व होगा। द्वैपायन अपना मत व्यक्त करते हुए कहते हैं कि द्रौपदी वस्तुतः यज्ञ से उत्पन्न हुई थी जिसका अवतरण बर्बर क्षत्रिय-समूह के नाश हेतु हुआ था। वह केवल भोग-विलास की सामग्री नहीं थी। असाधारण लोगों पर सामान्य नियमों का आरोपण उचित नहीं है। पैल को एक बार फिर भ्रम उत्पन्न हुआ कि श्रीमद्‌भागवत गीता में ज्ञानयोग, कर्मयोग और भक्तियोग तीनों का वर्णन किया गया है। ऐसी स्थिति में कौन-सा योग वरणीय है? द्वैपायन शिष्य की जिज्ञासा को शान्त करते हुए कहते हैं कि द्वापर युग में अनेक पन्थ और दर्शन खड़े हो चुके थे। समाज में संशय की स्थिति उत्पन्न हो चुकी थी। आगे व्यास कहते हैं कि दर्शन स्वयं में अपूर्ण है। अध्यात्म ही उसे पूरा करता है। उस समय समाज में जो विकृतियाँ फैल गयी थीं, कृष्ण ने सजग दृष्टि से उनका आकलन किया। एक मोह-विवर्जित अर्जुन के माध्यम से उन्होंने युग को सन्देश देने का काम किया। व्यास कहते हैं कि जब दूसरों की व्यथा का अनुभव स्वयं करने लगे, तभी मानव के भीतर आध्यात्मिकता प्रवेश करती है। द्वैपायन कहते हैं कि सूर्य-पुत्र कर्ण महान दानी और वीर था किन्तु दुर्वृत्तों का शिकार होकर रह गया। कृष्ण के तर्क से पराजित होकर उसने वर माँगा कि जहाँ किसी की चिता न जली हो, वहाँ उसकी लाश जले। अन्ततः भगवान कृष्ण के हाथों ही कर्ण का शव-दहन हुआ। व्यास कहते हैं कि जो निजी सुख के लिए दूसरों के सुख का हरण करता है वह अध्यात्म-विरोधी कृत्य करता है। दर्शन में भटकाव आ सकता है किन्तु अध्यात्म सदैव निर्मल रहता है। अध्यात्म आत्मा के प्रक्षालन का साधन है। व्यास कहते हैं कि यदि दुर्योधन और कर्ण सरीखे लोग सत्तासीन होकर व्यवस्था के निर्धारण का कार्य करते तो महाभारत से समाज में क्या संकेत जाता। द्वैपायन अन्त में कहते हैं कि ज्ञान, कर्म और भक्तियोग तीनों मार्गों में किसी भी पथ पर चलनेवाला पथिक श्रीमद्‌भागवत गीता से अपनी आशंकाओं का समाधान पा सकता है। पन्थ भले ही अलग-अलग हो किन्तु लक्ष्य तो सबका एक ही है।

"ज्ञान, भक्ति या कर्म किसी को भी अपनाएगा।
हर पथ शोधी, प्रभु गीता में अपना पथ पाएगा।।"

## युयुत्सा सर्ग

कृष्ण-द्वैपायन महाकाव्य का सोलहवाँ सर्ग 'युयुत्सा सर्ग' है। इसमें भावी युद्ध की दुश्चिताओं से द्वैपायन को व्यथित दिखाया गया है। उन्हें लग रहा है कि युद्ध अब अवश्यम्भावी बन चुका है। वे सोच रहे हैं कि पर-सुख जब अपने नेत्रों के लिए असह्य हो जाए, दूसरों को कष्ट पहुँचाने में ही गर्व की अनुभूति होने लगे, पिता धृतराष्ट्र की भाँति मोह के कारण पथ-भ्रष्ट हो जाए तथा गान्धारी भी अपना मातृत्व धर्म निभाने में असफल हो। जहाँ भीष्म पितामह और द्रोणाचार्य से श्रेष्ठ लोग बैठे हों, उस राजसभा में पशुता का कार्य सम्पन्न हो, नारी प्रतिहिंसा की भावना में इस प्रकार बह जाए कि वह रक्त से अपनी माँग सँवारने का प्रण कर बैठे। संस्कृति जब निर्वस्त्र हो जाए। उसकी लज्जा बचाने में धर्म और नीति असहाय-से दिखने लगें तो सत्वगुण की परम्परा कब तक बची रहेगी। जब राजा मोहवश दृष्टिहीन हो जाए, उसके दरबारी भी सत्ता के मद में चूर हों तो लोक-कल्याण का दायित्व कौन उठाएगा? राज-सभा के लोग चाटुकारिता करने लगें, छल-कपट राजनीति का अंग बन गये हों, विवेक का पग-पग पर अपमान होने लगे तो जनहित असम्भव है। ऐसी स्थिति में युद्ध की इच्छा फूलेगी-फलेगी। शस्त्र रक्त बरसाने का कार्य करेंगे। सुहागिनें विधवा बन जाएँगी। माताओं को अपने पुत्रों से वंचित होने का कष्ट उठाना पड़ेगा। ऐसी स्थिति में देश महाक्रन्दनों का श्मशान बन जाएगा। व्यास मानव और पशु के बीच अन्तर स्पष्ट करते हुए कहते हैं कि आहार, निद्रा, भय, मैथुन आदि प्रवृत्तियाँ मानव एवं पशुओं में समान रूप से रहती हैं किन्तु स्मृति, प्रज्ञा, मति और विवेक पाकर मनुष्य इस सृष्टि का रत्न बन जाता है। द्वैपायन का मत है कि अन्याय पर यदि प्रतिबन्ध नहीं लगा तो सामाजिक न्याय मृगजल की तरह एक छलावा बनकर रह जाएगा। ऐसी दशा में समता और सन्तुलन शब्द झूठे हो जाएँगे। फिर प्रभु द्वारा रचित यह सृष्टि निर्मल कैसे रह पाएगी। अन्त में व्यास कहते हैं कि विचारक हो, या कवि, उसे जनहित में अपनी लेखनी का प्रयोग करना चाहिए–

"चिन्तक हो या कवि, हाथों में लेखनी जगा,
लेखन में जन की निष्ठा को अभिराम करो।
जन-गण गणेश, शिव भी सब होंगे स्वानुकूल
यों आर्त न हो, आश्रम में जा विश्राम करो।।"

## नाग-यज्ञ

'कृष्ण-द्वैपायन' महाकाव्य का सत्रहवाँ सर्ग 'नाग-यज्ञ' है। परीक्षित के पुत्र जनमेजय के मन में समस्त नागों के विध्वंस के लिए यज्ञ का आयोजन करने की इच्छा जग गयी,

क्योंकि उनके पिता की मृत्यु तक्षक नाग के डस लेने से हुई। द्वैपायन सोचते हैं कि नाग जाति के विनाश हेतहु जनमेजय यज्ञ करेंगे तो इससें हस्तिनापुर की प्रतिष्ठा पर विपरीत प्रभाव पड़ेगा। वैसे खाण्डव वन को जलाते समय अर्जुन ने तक्षक के वंशजों का नाश किया था। तक्षक इसका बदला लेने का अवसर ढूँढ़ रहा था। संयोगवश कलियुग के प्रभाव में आकर परीक्षित ने समाधिस्थ शमीक ऋषि के गले में सर्प की माला डाल दी। इस पर ऋषि-पुत्र शृंगी ने राजा परीक्षित को साँप के डसने से मृत्यु को प्राप्त होने का श्राप दे दिया था। व्यास अपने शिष्य पैल को समझाते हैं कि कोई भी यज्ञ लोक-कल्याण के उद्देश्य से किया जाय तो वह सार्थक है। यदि यज्ञ का मूल उद्देश्य ही अशुभ हो तो वह यज्ञ नहीं कहा जा सकता। पैल ने कहा कि परीक्षित ने जो भूल की वह कलिकाल के वशीभूत होकर की। इसके बावजूद शृंगी ने उन्हें श्राप दिया। क्या यह उचित है? ऋषि के आक्रोश का प्रतिशोध क्या तक्षक को जताना चाहिए था? द्वैपायन कहते हैं कि नगरों से दूर हटकर नाग वनों में रह रहे थे। अर्जुन ने इनकी बस्तियाँ जलाकर राख कर दीं। इनके वंशजों का संहार भी किया। इसके कारण तक्षक में प्रतिशोध की भावना उत्पन्न हुई। छल करके तक्षक ने परीक्षित को मृत्यु की गोद में सुलाने की सफलता अर्जित की। व्यास कहते हैं कि तक्षक ने असत् का पन्थ चुना परन्तु भरतवंशी जनमेजय का यह व्यवहार भी शास्त्र सम्मत नहीं कहा जा सकता। एक तक्षक की गलती के लिए पूरी नाग जाति को नष्ट कर देने की घोषणा कदापि उचित नहीं है। सामान्य जन तो सिर्फ पैरों के तले ही देखते हैं। इसके विपरीत स्थित-प्रज्ञ जन वर्तमान के साथ-साथ भूत और भविष्य काल में भी विचरण करते हैं। धर्म को यदि राजागण राजनीति का रूप देंगे तो धर्म का महत्त्व समाप्त हो जाएगा। व्यास कहते हैं कि यज्ञ की आग में नागवंशी जलकर राख होंगे, किन्तु नागों का संहार इतना आसान भी नहीं है। तक्षक देवराज इन्द्र का परम मित्र है। ऋषिवर आस्तीक का पालन-पोषण नागराज वासुकि ने किया है। वे लोग तक्षक के बचाव के लिए कोई न कोई कदम अवश्य उठाएँगे। फिर भी द्वैपायन को द्रोह की अग्नि से इतिहास के जल जाने का भय सता रहा हैं—

“दमन की यह तिग्मता विद्वेष ऐसा बो न जाए।
द्रोह की दग्धाग्नि से इतिहास भस्मित हो न जाए।।”

## सम्बोध सर्ग

‘कृष्ण-द्वैपायन’ महाकाव्य का अन्तिक सर्ग ‘सम्बोध सर्ग’ है। व्यास के शिष्य वैशम्पायन ने उनसे पूछा कि महाभारत की पूरी कथा सुनने के बाद इसका अनुमान लगा पाना कठिन है कि भारत देश को इससे क्या मिला और देश की कितनी क्षति हुई। सतयुग, त्रेता और द्वापर के अवलोकन से तो यही आभास होता है कि मानव

की गति अधोमुखी ही रही है। आनेवाली पीढ़ियाँ 'महाभारत' ग्रन्थ को पढ़ करके अपना मस्तक ऊँचा करेंगी या आँसू बहाएँगी। मनुष्य ने जिन नैतिक मूल्यों की स्थापना की उनसे स्वयं कटा जा रहा है। जिसे कभी दानव की संज्ञा दी गयी वही दानव हमारे मन में भी उगने लगा है। क्षण-भर के लिए मुनि ने आकाश की ओर दृष्टि की, मानो वे आकाश से सारे तत्त्वों को खींचकर उनसे इस पृथ्वी को सिंचित कर देंगे। द्वैपायन कहने लगे कि परमात्मा ही इस ब्रह्माण्ड का स्रष्टा है। उसकी सृष्टि कभी निरर्थक नहीं होती। ईश्वर सभी की आत्मा में पिरोया हुआ है; परतु जब मनुष्य अपने भीतर छिपे हुए उस परम तत्त्व को भुला देता है तब ईश्वर किसी विशिष्ट पिण्ड को माध्यम बनाकर अवतार ग्रहण करता है। यह शरीर तो भौतिक सत्ता का प्रतीक है जो उल्काओं की भाँति जलेगा और बुझ जाएगा, किन्तु जो अपने जीवन में तुष्ट नहीं हो पाता वह दूसरों के लिए कष्ट का कारण बन जाता है। द्वैपायन कहते हैं कि इन युद्धों, खाण्डव वन दाहन तथा नागयज्ञ जैसे अप्रिय प्रसंगों से भारतवर्ष को क्या मिला? इसका उत्तर महाभारत ग्रन्थ का समग्र मन्थन करने पर ही मिल पाएगा। इसमें किस वस्तु को ग्रहण किया जाना चाहिए अथवा किसका त्याग करणीय है, इसका निर्धारण तो प्रज्ञा से किये गये चिन्तन से ही सम्भव है। कोई भी प्राणी कर्मों के परिणामों से स्वतन्त्र नहीं है। जीव के संस्कार जन्मान्तर तक उसके साथ लगे रहते हैं। मानव अपना कर्म चुनने के लिए स्वतन्त्र होता है। मोह को त्यागकर और दुर्भावना से रहित होकर जो कर्म किया जाय, वही निष्काम कर्म कहा जाता है। पिछली जो घटनाएँ घटित हुईं उनके पीछे प्रभु की माया ही थी। कृष्ण मित्रता निभाने हेतु अर्जुन के सारथी नहीं बने थे। वे तो द्वापर युग के रथ को न्याय के पथ तक पहुँचाने के लिए सारथी की भूमिका का निर्वहन किये थे। जब क्रूर हुई अन्यायकारिणी शक्तियों को युद्ध क्षेत्र में उन्हीं की भाषा में उत्तर मिलता है तो बर्बरताओं का स्वप्न ध्वस्त हो जाता है। इसके उपरान्त नव-निर्माणों के कमल खिलने लगते हैं–

"तब क्रूर हुई अन्याय शक्तियों को रण में,<br>
उनकी भाषा में प्रत्युत्तर मिलता है।<br>
निष्ठुर बर्बरताओं के होते स्वप्न ध्वस्त,<br>
नव रचनाओं का नया कंज फिर खिलता है।।"

# परिशिष्ट

# मैं व्यथाओं में पला हूँ

मैं व्यथाओं में पला हूँ, वेदना संसार मेरा!
एक तरु की शुष्क शाखा पर, विसुध मुस्कान फूटी;
वह मुकुल मैं, आदि से जिस पर अटल तम-राशि छूटी।
सान्ध्य किरणों ने किया है अश्रु से शृंगार मेरा!
तिमिर-अंचर के तले मैंने प्रथम है आँख खोली;
कसक को उर में दबाकर की सतत जीवन-ठिठोली।
शूल ने संघर्ष से ही है किया उपचार मेरा!
एक चिन्ता-संगिनी ले मैं विमन इस सरणि आया;
जिस तरफ देखा किसी ने भी न अपनापन दिखाया।
सूखने अब जा रहा है अश्रु का आधार मेरा।
नयन-नभ में है निशा, पल-क्षितिज पर नीहारिकाएँ;
दग उर से हैं निकलती विकस अस्फुट कारिकाएँ।
क्या पड़ी स्वप्निल जगत् को, जो सुने उद्गार मेरा!
क्या करूँगा आत जल ले, अग्नि से हूँ जल चुका जब;
कामना क्या, बुझ पड़ें ये वेदना-चिनगारियाँ अब।
जल न लूँ, यदि अन्ततः जल हृदय होगा छार मेरा!
मैं व्यथाओं में पला हूँ, वेदना संसार मेरा।।

(अन्तर्ज्वाला)

# मानव-गीत

हम मानव हैं, हमें मनुजता-मानवता का प्यार चाहिए।
माटी से ही हम जनमें हैं,
माटी में हम सो जाते हैं,
माटी के अँधियालों में हम
नूतन किरणें बो जाते हैं।
माटी के पुतले हम, हमको माटी की मनुहार चाहिए।
जन्म-मरण दो द्वार हमारे,
हम आते-जाते रहते हैं;
दो पल या सौ वर्ष जिएँ हम,
जीवन बरसाते रहते हैं।
हम अनन्त-पथ के घन, हमको बिजली का शृंगार चाहिए।
हमें भुक्ति का सुख प्रिय है, पर
दुःख से भी अपना नाता है,
हमें स्वर्ग से मोह नहीं है
हमको परिवर्तन भाता है।
आवागमन प्रकृति है, हमको गति का वह अधिकार चाहिए!
हम हँस लेते हैं आँसू में
हम हासों में रो लेते हैं;
हम संघर्षों के पन्थी हैं,
पथ में ही श्रम धो लेते हैं।
फूल-शूल से रसा-बसा हमको गत्वर संसार चाहिए।
हम मानव हैं, हमें मनुजता-मानवता का प्यार चाहिए।।

(अन्तर्ज्वाला)

# मैं गान गा रहा हूँ

मैं गान गा रहा हूँ!
नीलम-नयन-तरी में भर मंजु स्वप्न-कंचन,
ऊषा-नगर चला था अनुकूल पा पवन-मन;
अब धार सूखती तो मोती गला-गला कर—
दो साँस के तटों में सरिता बहा रहा हूँ!
मैं गान गा रहा हूँ!!
किसकी किरन सलोनी छनकर कपूर-वन से,
जीवन सजा रही थी मृदु हीर-अश्रु-कन से!
पाषाण बन रही हैं अब बूँद वरुनियों पर;
अपने पराग-पथ से पतझार ला रहा हूँ!
मैं गान गा रहा हूँ!
स्नेहिल नयन-कनी पर छवि-वर्तिका जगाकर,
वह दीप्ति हाय, लौटी सुधि की शिखा लगाकर!
जीवन-क्षितिज समेटे ये साँझ के अँगारे;
मैं आज अर्चना का खँडहर जगा रहा हूँ!
मैं गान गा रहा हूँ!!
लौ पर अगरु बने-से ये गान जल रहे हैं,
बहते अनल-कणों पर इतिहास पल रहे हैं!!
देतीं लपट-लहरियाँ कुछ रश्मि आज हँस-हँस;
उनको सँजो अधर पर मुस्कान छा रहा हूँ!
मैं गान गा रहा हूँ।।

**(नीलम-तरी)**

# निशा जा रही है

निशा जा रही है, उषा आ रही है!
क्षितिज-छोर धुलता चला जा रहा है,
कमल-प्राण खुलता चला आ रहा है;
शिथिल-स्वप्न में मौन सोयी धरा से
द्विधा जा रही है, विभा छा रही है!
नयन की कनक-रश्मियाँ भूमि को भर,
बहाती चली जा रहीं राग-निर्झर;
किसी कुंज से दूर सहकार-वन के,
प्रभाती कहीं कोकिला गा रही है!
बना मंजु कलरव रमण नूपुरों का,
क्वणित कंगना चातकी के स्वरों का;
चरण का मलय-भार छूकर थिरकती—
पवन की लहर आज इठला रही है!
अधर-ज्योतिमा के तले विश्व सारा—
बना जा रहा रूप की एक धार'
अरुण प्राचिका की गुलाबी लहर से,
तरणि की तरी झूमती जा रही है!

(नीलम-तरी)

# वे पथ के दीप

जिनसे कुछ भी आलोक मिला, वे दीप अमर हों जीवन के!
तम-लहरों में था सुख सोया,
आँसू से आशा-मुख धोया,
नीरज निर्जन में घूम-घूम,
कण-कण से अपना दुख रोया।
जिनसे जड़ता का मौन हिला, वे दीप अमर हों जीवन के!
दुख में सुख की मृदु छाँह मिली,
सुख से दुख की गलबाँह मिली;
कटुता से कुंचित शूलों पर,
फूलों की मधुमय राह मिली।
जिनसे कुछ भी अवसाद धुला, वे दीप अमर हों जीवन के!
जब-भी घेरा विरहातप ने,
तब भाव-शलभकों ने अपने-
रसमस-सी जिनकी छाया में-
देखे सुख के शीतल सपने।
जिनकी ज्वाला में स्नेह पला, वे दीप अमर हों जीवन के!
जब भी उतरी तम की कारा,
है जिनसे मिली ज्योति-धारा;
जीवन की काली रातों में
जो चमके बनकर, ध्रुव-तारा;
जिनसे ममता का फूल खिला, वे दीप अमर हों जीवन के!

**(ज्योति-तरी)**

# बरस रही बरसात

बरस रही बरसात, गगन में, बरस रही बरसात!
पलकों की अलका को छूकर ये सुधि-भीने नीले-काले,
ले ढुलका सन्देश किसी का आये मेघदूत मतवाले;
मुखर हो उठे शत-शत अन्तर के आकुल संघात, विजन में
बरस रही...
किन्हीं पुतलियों की रेखा में घिरी-घिरी भीगी अँधियाली,
सुधि के श्यामल घन-कुन्तल में डूब रही उर की उजियाली;
बाँध के चली एकाकी विष की यह काली रात, सदन में
बरस रही...
छूट रही बूँदें नभ से या बरस रहे हैं सोए सपने;
भर आये नयनों में फिर से वे सुखर के बीते दिन अपने।
रोम-रोम हैं बिसुध पिये पुरुवा का मन्थर बात, नयन में
बरस रही...
चातक के स्वर से टकरा कर भावों की यह कातर लहरी,
बुझे दीप के विकल शलभिनी-सी अपनी छाया में छहरी;
बादल की शैय्या पर घायल चपला का मृदु गात, अयन में
बरस रही...
हरा-हरा-सा घाव और यह छायी घनी-घनी हरियाली,
भरी-भरी-सी प्रकृति और यह तृषित-तृषित प्राणों की प्याली;
झूम चली लो फिर नस-नस में वह आभा अवदात, सुमन में
बरस रही...

(ज्योति-तरी)

# जाने दो प्रेयसि, जाने दो

जीवन का है वरदान यही–सुख भी दो दुख छन, छन भी दो!
जाने दो प्रेयसि, जाने दो!!
माना, यह जग अनगिन फूलों की, रंग-भरी फुलवारी है!
सबका अपने मन का संचय, सबको अपनी रुचि प्यारी है!!
अपने-अपने में व्यस्त सभी–अपने-अपने में सभी विकल!
हर एक न पर चुन पाता है अपने मन का सुकुमार सुमन!
जाने दो प्रेयसि, जाने दो!!
माना, जग में आती मधुऋतु, उपवन में गाती है कोयल!
सौरभ का फैला आमन्त्रण हँसते कलियों के मोहक दल!!
उड़ता है अलियों का गुंजन, लहराती लतिका की सारी–
हर एक न तरु पर पाता है सुकुमार लता का भुज-बन्धन!
जाने दो प्रेयसि, जाने दो!
कितने खिलते हैं–हँसते हैं, कितने अधखिल मुरझाते हैं!
पुष्कर में खुलने के पहिले कितने ही चुप मुँद जाते हैं!!
इसमें मलयानिल का क्या स्वर, इसमें दिनमणि का है क्या वश-
हर एक न शतदल यदि पाये सिन्दूरा किरनों का चुम्बन!
जाने दो प्रेयसि, जाने दो!!
कितनी आशा से बाती में, उर स्नेह जगाये जाते है!
कितने ही आँचल-तले साध के दीप सजाये जाते है!!
इसमें प्रतिभा को क्या कहना-साधक पर भी क्या आरोपण!
हर दीप न यदि कर पाता है मन्दिर का पूजन-आराधन!
जाने दो प्रेयसि, जाने दो!!
हँस उठी प्रकृति लहरा उठता धरती पर नीलम का सागर!
नभ से जब नीरद-बालाएँ छलका देतीं रस की गागर!

इसमें सावन की क्या निन्दा, इसमें पावस का क्या दूषण—
हर एक न चातक यदि पाता बूँदों का रसमय आलिंगन!
        जाने दो प्रेयसि, जाने दो!!
सौ-सो हँसते दीपों में अपने, बुझने का कुछ भान नहीं।
सौ-सौ हँसते अधरों में अपने आँसू का कुछ मान नहीं!!
कुछ शोक नहीं, सौ बीनों में, जो तार हमारा बज न सका—
हर एक विजन का कब होता मधुमय गीतों से अभिनन्दन!
        जाने दो प्रेयसि, जाने दो!!
क्षण भर हँस कर तम में बुझते तारों का भी व्यक्तित्त्व प्रिये!
बनते-बनते मिटने वाले सपनों का भी अस्तित्त्व प्रिये!!
याचना यही है जीवन की—कुछ पूरी हो, कुछ शेष रहे—
हर एक प्यार का हासों से कब हो पाता है, अनुरंजन!
        जाने दो प्रेयसि, जाने दो!!

**(जीवन-तरी)**

# मधवी, खोलो अपने द्वार!

गूँज रहा मन का अलि कब से, खोलो अपने द्वार,
माधवी, खोलो अपने द्वार!
सलज निशा-रानी की भींगी कवरी के सित फूल झर रहे;
अभिनव कुंकुम से दिग्वधुओं के अधरों के कूल भर रहे!
सुधा-स्नात चाँदनी बरस कर अलसाया-सा चाँद जा रहा;
मलय-सुवासित तुहिन-विन्दुओं से भू के भुज-मूल भर रहे!
नभ-नीलोत्पल से अँगड़ाया केसर का संसार,
स्वप्नमयि, खोलो अपने द्वार!
लो, टटकी आलोक-विभा से प्राची का परिधान सज रहा;
अरुन्धती के डूबे पथ पर किरणों का मंजीर बज रहा!
नभ-गंगा के अलस पुलिन पर परियों का संगीत टूटता;
छूकर अनिल-कुमार कली का अंगराग-मय अंग लज रहा!
तरुओं के मर्मर से मुखरित अंग-अंग के तार,
लाजमयि खोलो अपने द्वार!
कितने ही हासों के रस में भीग रहे जिसकी गति के पग;
कितनी ही आँसू-बूँदों से विछल रहा जिसका चंचल मग—
समय, विरमकर प्रकृति-द्वार पर आज खड़ा मनुहार कर रहा;
खोलो निज आलोक-लुलित दृग, हो आगे तामस मग जगमग,
उमड़ रही जड़ की वीणा से चेतन की झंकार—
रागमयि, खोलो अपने द्वार!
प्यार-भरा आँचल फैलाये, बिखर-बिखर निष्ठुर कन-कन में!
लौट रही रागिनी हमारी भटक-भटक कर कंटक-वन में!!
झंझाओं की राह बना ज्योतिर्मय निज आलोक-शिखा से,
स्वर की यह साधना न बुझ पायी पर निःस्वन नीराजन में!
नयन-आरती में ढुलका दो तरल-रेशमी-प्यार!
स्नेहमयि, खोलो अपने द्वार!

विसुध हो रहे दीप टिमटिमाते सपनों की स्मिति-छाया के!
ओस-पुलित पर कुहक सो गये रजनी-गन्धा की काया के!!
पर सुख-दुख, आलोक-तिमिर के ऊपर हैं जो निशि-दिन झिलमिल,
चाह रहा वे स्वप्न न रानी, बुझें तुम्हारी मधु-माया के!!
शूल-भरे पथ पर बरसा दो पावन सौरभ-भार!
सुमनमयि, खोलो अपने द्वार!

(जीवन-तरी)

# छू तुम्हें गीत मेरे अमर हो गये

छू तुम्हें गीत मेरे अमर हो गये!
पा नयन चाँदनी है निशा हँस रही!
स्वप्न-उल्लास पाकर दिशा हँस रही!!
ले पुलक-तारकों में गगन हँस रहा,
मैं बँधा, और बन्धन स्वयं खो गये!
छू तुम्हें गीत मेरे अमर हो गये!
तम-भरे प्राण पर तुम उषा-सी खिलीं!
हास की रश्मि में तुम प्रभा-सी मिलीं!!
रूप के स्वर्ण-आलोक-छाया-तले,
आज मेरे हृदय के रुदन सो गये!
छू तुम्हें गीत मेरे अमर हो गये!
रेशमी कल्पना की किरन-डोर पर—
झूमती साधना स्नेह के स्वप्न भर!
मुक्त जीवन बना एक संगीत-सा,
अश्रु में तुम स्वरों के सुमन बो गये!
छू तुम्हें गीत मेरे अमर हो गये!
आज बन्दी बना भूमि का स्वर्ग भी!
लुट रहा विश्व पर आज अपवर्ग भी!!
ऊँघते गीत के पाश में भू-गगन,
ले सुधा तुम मरण-रागिनी धो गये!
छू तुम्हें गीत मेरे अमर हो गये!

(जीवन-तरी)

# न छीनो गीत ये मेरे

न छीनों गीत ये मुझसे, न छीनों गीत ये मेरे!
'प्रकृति' पहले-पहल भोले 'पुरुष' के पास जब आयी,
अचानक बज उठी सूने मनों की बीन शरमायी!
पलों में जड़ गला गति में-विजनता ढल गयी स्वर में,
किसी अनजान कम्पन-सी लहरती रागिनी छाई!!
युगों का मोल है इनमें, न छीनो गीत ये मेरे!

जभी संघर्ष से थककर कभी मानव रुका होगा,
जहाँ पर घाव सहलाने कभी पल भर झुका होगा,
चुभे पद-कंटकों के साथ होगा गीत भी उभरा!
थकन भी खो चुकी होगी, ज्वलन भी सो चुका होगा!
पदों की तोल है इनमें, न छीनो गीत ये मेरे!

धरा अलसित, गगन रसमस, जभी बदली उठी होगी,
तभी धानी प्रकृति के कंठ से कजली उठी होगी!
बहा होगा कुँआरे होठ से खलिहान का बिरहा,
लिए जब चाँदनी को चाँद की बहली चली होगी!!
हिया का दोल है इनमें, न छीनो गीत ये मेरे!

जभी जौ-गेहुँओं की बालियों पर आभ आती है,
अलाँती अलसियों की साँस जब बलिहार जाती है;
खनक उठते तभी सरसों-फली के रुन-झुनी पायल,
रहर-'गोतिन' मधुर करताल पर झूमर सुनाती है!
प्रकृति-हिल्लोह है इनमें, न छीनो गीत ये मेरे!

उनींदी बालियों की आँखड़ी जब झुलमुलाती है,
लहर के पालनों पर जब न उनको नीद आती है;
अगहनी शालियों पर डाल धरती साँझ का आँचल—
हवा की झुरझुरी पर नरम लोरी गुनगुनाती है!
धरा के बोल हैं इनमें, न छीनो गीत ये मेरे!

'किँगरियों' में कबीरा की भला कब पीर सोवेगी?
न मीरा फिर कभी दर्द के मोती पिरोवेगी?
कभी फिर 'हीर' हिचकेगी, कभी 'राँझा' पुकारेगा—
हलरती पुरइनों पर फिर बहिन की आँख रोवेगी,
व्यथा के घोल हैं इनमें, न छीनो गीत ये मेरे!

**(संघर्ष-तरी)**

# ये गीत सब के स्वर

हमारे ही अकेले के नहीं ये गीत, सबके स्वर!
बहारों से भरा आँगन चमन का ही नहीं होता,
सुमन का हास मधुमासी सुमन का ही नहीं होता;
सपन हैं बाँटते सबको निदारे सरगमों के घन,
फुहारों से भरा सावन गगन का ही नहीं होता!!
सुरभि कब बन्दिनी बनती कुसुम के प्राण में बसकर!
किसी का दुख किसी के प्राण को पिघला दिया करता,
किसी का सुख सभी की प्यास को सिहला दिया करता;
किसी की आँख की किरनें किसी का चाँद बन जातीं—
किसी का लोर सबकी कोर को नहला दिया करता!
उतरते गीत बनकर भोर, टूटे मन-खँडहरों पर!
बुझे दिल, नम चितवनों से मिलेंगे गीत ये मेरे,
कि धरती के पसीनों पर खिलेंगे गीत ये मेरे,
बिछेंगे चैत की 'महुआर' के चैता-स्वरों में चू-
फटे उर, भग्न सपनों को सिलेंगे गीत ये मेरे!
उजाले फूल बरसाते जलेंगे ये दिये घर-घर!
पिआसी आँख की कजली बने, बरसा करेंगे ये!
रुआँसे कंठ का 'राँझा' बने तरसा करेंगे ये!!
कभी तिरते हुए मधुभोर की पुलकित सिवानों पर—
निकलकर जाँत से मन-प्राण को परसा करेंगे ये!
थकन के ऊसरों में ताजगी के सोत ये झर-झर!
न जब मधुमास आयेगा, न फिर बरसात होवेगी,
न जब फिर ओठ बिहँसेंगे, न जब फिर आँख रोवेगी,
सदा को सूख जाएगा हृदय का प्यार—गंगा-जल—
तभी ये गीत खोवेंगे, तभी यह पीर सोवेगी!!

सदा गतिमान होने को मिले ये चेतना के वर!
न उर में भावना होगी, न मन में चाहना होगी,
न होंगे गीत तो कैसे सुहागिन साधना होगी?
न होठों से उठेगी भाव की रस-भींजती पूजा—
न तब आराध्य ही होगा, न फिर आराधना होगी!!
हमें नव-साधना के कर, स्वरों में गीत आते भर!

**(संघर्ष-तरी)**

# झोंपड़ी का गीत

नीमों की छाँहों में, बाँसों की बाँहों में
अनगाई चाहों में, गाती है झोंपड़ी!
पिछवारे मर-मर-मर-मर करती है बसवारी!
एक ओर मँह-मँह-मँह मँहक रही महुआरी!!
द्वारे पर गीतों से सींच रहीं मालिनियाँ–
चुनरी के झूलों पर माता की फुलवारी!!
आँधी में पानी में, जीवन की डाली को–
विश्वासों से साजे आती है झोंपड़ी।। 1।।
बरगद की छितनारी छायाओं में गहरी!
महुलाए पातों की मनुहारों से बहरी!!
आँचल में धूलों के मँडराते बादल ले–
माथे पर हू-हू कर जलती है दोपहरी!!
नभ के अंगारों में, विपदा के बालू पर
युग-युग से तपती-मुरझाती है झोंपड़ी।। 2।।
पुरुवा की दुलहिन का आँचल छू जाता है!
सुबहों-भर पीपल का सरगम लहराता है!!
पछुवा की बिरहिन के श्वासों की बिजली छू–
दिन-दिन भर पोखर का शीशम हहराता है!!
लहराती-हहराती ध्वनियों की गूँजों को
कबसे साँसों में दुहराती है झोंपड़ी।। 3।।
किलकारों की बंशी का स्वर जब खो जाता!
मन का सूनापन तब कुछ गहरा हो जाता!!
ओठों की उजियाली, पलकों के मोती ले–
सपनों के महलों का राजा जब सो जाता!!
मैया के आँचल की फटही-सी रातों में–

धरती के तारों की थाती है झोंपड़ी।। 4।।

दिन भर का संघर्षी सूरज जब ढलता है!
नभ का तम धरती के जीवन को छलता है!!
दिनकर के प्रण को दुबरीली लौ पर लेकर!
माटी का दीवा तब जुग-जुग-जुग जलता है!
कजरातों पहरों को उजियाली से धोती–
तम के पाशों में मुस्काती है झोंपड़ी।। 5।।

दुधिया नभ ओसों में टप-टप-टप रोता है!
धरती का सीना भी धक-धक-धक होता है!!
विपदा की रातों में अपने पहरे-भर जग,.
जीवन का शिल्पी जब चुपके से सोता है!!
विधवा की सिसकन से, भूखे-नंगे-ठिठुरे–
शिशुओं को कबसे गरमाती है झोंपड़ी।। 6।।

धरती में जब हँस उठता सपना मटियाला!
मकई पर बिरहा बन तिरता है रखवाला!!
धरती के टट्टर पर, अम्बर की कमरी में,
रातों-भर सँग-सँग जब गाता है अँधियाला!!
अँधियाले में बोई सुबहों की फसलों को–
गीतों के आँचल से छाती है झोंपड़ी!
अनगायी-चाहों में गाती है झोंपड़ी।। 7!!

**(संघर्ष-तरी)**

# साथी, गीत न होते बासी

साथी, गीत न होते बासी!
कंठ भले ही बासी हो जाए, साथी, गीत न होते बासी!!
प्राण-पपीहे पिहक उठेंगे, जब-जब जली तृषा के मारे!
जब-जब भूमि ऊमसी होगी, उमड़ेंगे ही घन कजरारे!!
जहाँ-कहीं जीवन-कण होगा, आशाओं की दूब हँसेगी!
मीड़ों की साँझें होंगी, आयेंगे सरगम के भिनसारे!!
बस अपना चुक जाय भले ही, रस तो आता है, आयेगा,
भूमि भले ऊसर रह जाए, बरसेगा सावन विश्वासी।।1।।
पातों से उघरी-नंगी डालों पर कलियाँ मुस्काएँगी!
मँह-मँह-मँह-मँह मँहक-मँहक ये मधुवन की गलियाँ गाएँगी!!
घर-घर पाँखों पर मुखरित हो फूलों के संगीत उड़ेंगे!
कुह-कुह-कुह-कुह के गीतों पर सोती बगियाँ-बौराएँगी!!
जब-जब बाँहों को फैलाकर, फिर सूनापन अगड़ाएगा—
पतझर के पीछे-पीछे ही आयेंगे सपने मधुमासी।। 2।।
अम्बर की चाँदनी उतरकर जब धरती पर मुसकाएगी!
विहँस उठेगा मौन चकोरा, चकवी मन में अँगड़ाएगी!!
बेबस उठ जाएँगी ऊपर सागर की हहराती बाँहें—
चन्दा को बाँहों में भरकर नदिया रस में लहराएगी!!
धरती को आकाश और आकाश धरा को भेंटा ही!
मानव आँगन में मँहकेगी ही यह चाँदनियाँ रस-हासो।। 3।।
पलकों में मुस्काता सपना, मेरा ही तो मीत नहीं है!
कंठों में जो उमड़ रहा वह केवल मेरा गीत नहीं है!!
प्राणों की इस बंशी में भर आया है हर बादक का रस!

यह प्राणों की मौन मंथना, साधारण नवगीत नहीं है!!
गाने-रोने की क्षमता का मर्म यही है, धर्म यही है—
अनगिन शरदों तक अनुगुंजित हों क्षण की साँसें उल्लासी!
कंठ भले बासी हो जाए साथी, गीत न होते बासी।। 4।।

**(संघर्ष-तरी)**

# रात भर चाँदनी

रात भर चाँदनी गीत गाती रही,
बाँह पर चाँद हँसता रहा रात भर।
कुन्द-घनसार-धन, मंजु आलोक-तन,
एक नवनीत मन, खिल रहा विधु-वदन;
एक मनु के लिए कान्त कामायनी—
जो प्रलय पर खिली बन सृजन की किरन।
रात भर एक कादम्ब बरसा किया,
ज्योति का मद बरसता रहा रात भर।
रात भर चाँदनी गीत गाती रही,
बाँह पर चाँद हँसता रहा रात भर।।
इस लहर से अगर पास आयी तनिक,
उस लहर से कली दूर कतरा गयी;
लाज की ओस में एक पल डूबती,
हास बीच पर शीघ्र उतरा गयी।
रात भर रातरानी गमकती रही,
एक सपना भटकता रहा रात भर।
रात भर चाँदनी गीत गाती रही,
बाँह पर चाँद हँसता रहा रात भर।।
भाव की उर्मि में एक जादू किया,
चल पड़ी मुग्ध तारुण्य की ले तरी;
एक इंसान की साँस से खेलने,
भूमि पर आ गयी स्वर्ग की अप्सरी।
रात भर काल रुक द्वार तकता रहा,
व्योम का उर तरसता रहा रात भर।
रात भर चाँदनी गीत गाती रही,
बाँह पर चाँद हँसता रहा रात भर।।

धूम में मुँह छिपाये रही दीपिका,
रूप फिर-फिर कुमुदिनी सजाती रही;
रात भर चाँद का सुख मुरझता रहा,
रात भर तारिकाएँ लजाती रहीं।
रात भर एक माथा दमकता रहा,
एक तारा चमकता रहा रात भर।
रात भर चाँदनी गीत गाती रही,
बाँह पर चाँद हँसता रहा रात भर।।
प्राण छूती रहीं चितवनें पूनमी,
भुज हमारे लहरते रहे सागरी;
रात भर-प्यास के कण्ठ डूबे रहे,
रस पिलाती रही रूप की गागरी।
रात भर श्रोत्र पीयूष पीते रहे,
सरगमी स्वर लहरता रहा रात भर।
रात भर चाँदनी गीत गाती रही,
बाँह पर चाँद हँसता रहा रात भर।।
गुदगुदाती रही पवन की अँगुलियाँ,
रात भर चाँदनी खिलखिलाती रही;
डगमगाए अधर के शलभ रात भर,
लाज की दीपिका झिलमिलाती रही।
रात भर प्राण निरखा किये बन नयन,
नींद का मन भटकता रहा रात भर।
रात भर चाँदनी गीत गाती रही,
बाँह पर चाँद हँसता रहा रात भर।।
एक तन, एक मन, एक थे प्राण-स्वन,
एक लय फिर वहाँ पर विषम कौन हो?
द्वार झूमा किये, भूमि कँपती रही,
स्वप्न डूबी प्रकृति मिल रही मौन हो।
रात भर रात की बीन बजती रही,
एक संगीत बहता रहा रात भर।
रात भर चाँदनी गीत गाती रही,
बाँह पर चाँद हँसता रहा रात भर।।

**(रूप तुम्हारा : प्रीति हमारी)**

# एक किरन मिल गयी

एक किरन मिल गयी कि जैसे सारा तम उजियार हो गया।
एक दृष्टि मिल गयी कि जैसे सारा मन भिनसार हो गया।।
प्राणों के तारों से जैसे कोई स्वप्न जुड़ा हो।
जैसे हर-सिंगार के बन से कोई गीत उड़ा हो।।
साँस-साँस में फूल खिल गये, रोम-रोम गुलजार हो गया।
एक दृष्टि मिल गयी कि जैसे सारा मन भिनसार हो गया।।
चन्दन, रंग और शशि-जल की मधुऋतु द्वार खड़ी है।
सारे उपवन पर सौरभ की एक फुहार पड़ी है।।
फूल-फूल से हुई सगाई, शूल-शूल से प्यार हो गया।
एक दृष्टि मिल गयी कि जैसे सारा मन भिनसार हो गया।
जीवन की हर रूप-लहर पर सुषमा मुस्काती है।
जहाँ दृष्टि जा रही ज्योति की गंगा लहराती है।।
बार-बार मधुकूल बन गयी, कूल-कूल मझधार हो गया।
एक दृष्टि मिल गयी कि जैसे सारा मन भिनसार हो गया।
सारी सृष्टि सुहाग-भरी दुल्हन-सी आज सजी है।
हर धड़कन में जैसे कोई वंशी आज बजी है।।
हर कम्पन से गीत फूटता, जीवन एक सितार हो गया।
एक दृष्टि मिल गयी कि जैसे सारा मन भिनसार हो गया।।

**(रूप तुम्हारा : प्रीति हमारी)**

# एक पल ही जियो

एक पल ही जियो, फूल बन कर जियो,
शूल बन कर ठहरना नहीं जिन्दगी।।
अर्चना की सँजोये हुए अंजली,
तुम किसी देवता से मिलो तो सही।
जिन्दगी की यहाँ अनगिनत डालियाँ'
तुम किसी पर सुमन बन खिलो तो सही।
एक पल ही जियो, तुम सुरभि बन जियो,
धूल बन कर उमड़ना नहीं जिन्दगी।
तुम भरी बीथियों के अधूरे सपन,
कुमकुमी बाँसुरी पर बजाते चलो।
रात रोये हुए फूल की आँख में;
ज्योति की नव किरन तुम सजाते चलो।
एक पल ही जियो, प्रात बन कर जियो,
रात बन कर उतरना नहीं जिन्दगी।
चेतना के किसी भी क्षितिज से उठो,
याचना के नयन-कोर परसा करो।
जिस लहर पर उड़ो, जिस डगर पर बढ़ो,
भावना की सुधा-बूँद बरसा करो।
एक पल ही जियो, तुम जलद बन जियो,
बज्र बन कर घहरना नहीं जिन्दगी।।
वेदना की लहर में डुबाये न जो,
धार में डूबने को किनारा बने;
शोक जब श्लोक की पूनमी छाँव में—
पन्थ हारे हुए को सहारा बने।

एक पल ही जियो, गीत बन कर जियो,
अश्रु बन कर बिखरना नहीं जिन्दगी।
काल के हाथ पर भाव की आरती–
बन सदा-स्नेह से लौ लगाते चलो।
देह को प्रीति-मन्दिर बनाते चलो,
साँस की हर लहर जगमगाते चलो।
एक पल ही जियो, दीप बन कर जियो,
धूप बनकर घुमड़ना नहीं जिन्दगी।

**(रूप तुम्हारा : प्रीति हमारी)**

# रूप तुम्हारा जग उजियारा

रूप तुम्हारा जग उजियारा, चन्दा का आकार है!
प्रीति हमारी, इस दुखियारी माटी का शृंगार है!!
नयनों से चाँदनी पिलाकर तुमने अमर किया है;
यह जब बौरा पूछ रहा, क्यों मैंने गरल पिया है?
सपन तुम्हारा छाया-पथ पर पूनम का अभिसार है!
प्रीति हमारी बेबस सागर के अन्तर का ज्वार है!!
बिछुड़न के क्या भीति, मिलन का बिछुड़न यहाँ अटल है;
पर मिलने से बढ़कर मिलने की आशा का बल है!
पीर तुम्हारी उतनी निर्मल जितनी गंगा-धार है!
प्रीति हमारी व्याकुल जमुना-जल का श्यामल हार है!!
बाहर के एकाकीपन की मैं पूजा करता हूँ;
पर मन के भीतर के एकाकीपन से डरता हूँ!
याद तुम्हारी कदली-बन पर तारों की झनकार है!
प्रीति हमारी साँकल-बाँधी सुधि की सजल पुकार है!!
यों तो अपने समय-समय पर सब सरगम सजता है;
पर सबके भीतर से केवल एक तार बजता है!
गीत तुम्हारा चरन-चरन पर लय का सिरजनहार है!
प्रीति हमारी बिन वादक के बजता हुआ सितार है!!
जग के हर दिन के माथे पर काली रात खड़ी है;
पर हमको जो सिहला देती, वह चाँदनी बड़ी है!
हास तुम्हारा हर अँधियाले पर रसमस भिनसार है!
प्रीति हमारी तम में प्यासी किरणों की मनुहार है!!
चौमासे भर घटा बरसती, मन की नींद न टूटी;
एक बूँद ऐसी टपकी जो अंग-अंग लौ फूटी!

रीति तुम्हारी स्वाती की पायल की रस-बौछार है!
प्रीति हमारी फूलों-लदबद प्रिय, सहजन की डार है!!
गीत जिसे गा जाय, अश्रु बस, वही नहीं मोती है;
जिसे मौन ही कहे, बात कुछ ऐसी भी होती है!
परस तुम्हारा दखिनइयाँ की पुलकन-भरी बयार है!
प्रीति हमारी साँस-साँस पर झरता हरसिंगार है!!

**(रूप तुम्हारा : प्रीति हमारी)**

# तुम चलीं लुटाती फूल

तुम चलीं लुटाती फूल,
और मैं शूलों में उछ्वास भरूँ!
तुम चलीं मरण के साथ,
और मैं जीवन का विश्वास करूँ!!

तेरे माथे पर इन्द्र-धनुष
पलकों में छिटकी उजियाली;
मुझको अभिशाप हुआ चन्दन,
मेरी बाँहों में अँधियाली;

तुम चलीं उछाहों-सजी
और अब मैं अपनी ही छाँह डरूँ।
तुम चलीं मरण के साथ,
और मैं जीवन का विश्वास करूँ।।

हर ओर काकली फूलों की,
दिन-रात महकती किरण-गली;
अब एक सुमन अपना न रहा,
अपनी न रही अब एक कली;

तुम चलीं महावर रचे,
और मैं अंगारों से प्यास हरूँ!
तुम चलीं मरण के साथ,
और मैं जीवन का विश्वास करूँ!!

तुम पर सारा नन्दन अर्पित,
मुझसे सारा मधुवन रूठा;
मेरा सारा अर्पण झूठा,
मेरा तन झूठा, मन झूठा;

तुम चलीं हथेली भरे,
और मैं सूने का उपहास वरूँ!
तुम चलीं मरण के साथ,
और मैं जीवन का विश्वास करूँ!!

लो, छीन चली बारात तुम्हें,
कुछ कर न सका रोना-धोना;
मैं भी चलता हूँ साथ, मगर
इस चलने का भी क्या होना?

तुम चलीं सुहागिन बनीं,
और मैं कुण्ठाओं के पास मरूँ!
तुम चलीं मरण के साथ,
और मैं जीवन का विश्वास करूँ!!

जीवन भर जलती रहे गले,
दी तुमने ऐसी घूँट पिला;
आँसू से भी जो कट न सके,
मेरे आगे वह काल-शिला;

तुम चलीं चार के काँध,
और मैं पीड़ा का आकाश तरूँ!
तुम चलो मरण के साथ,
और मैं जीवन का विश्वास करूँ!!

**(राख और पाटल)**

# पाँव में हो थकन

पाँव में हो थकन, अश्रु-भीगे नयन,
राह सूनी, मगर गुनगुनाते चलो!
यह न सम्भव कि हर पन्थ सीधा चले,
यह न सम्भव कि गन्तव्य सबको मिले;
बाटिका-बीज कलियाँ लगें अनगिनत,
यह न सम्भव कि हर फूल बनकर खिले।
यदि न सौरभ मिला तो यही कम नहीं,
पन्थ मधुमास का तुम बताते चलो!
विश्व है एक सागर उमड़ता हुआ–
हर लहर सम-विषम की जो उछलती रहे;
जिन्दगी की कहानी यहाँ नाव-सी,
रात-दिन एक पतवार चलती रहे!
साँस-भर तुम स्वयं भी चलाते चलो,
थक गये दूसरों को बढ़ाते चलो!
कुछ तुम्हारे सहारे खड़े राह पर,
कुछ सहारा तुम्हारे लिए चाहिए;
एक तारा बनो दूसरों के लिए,
एक तारा तुम्हारे लिए चाहिए।
आ अँधेरा खड़ा हो अगर सामने,
चीरकर ज्योति-सा जगमगाते चलो!
पीर की एक पूँजी प्रकृति से मिली,
पीर मानव-हृदय का सुघर साज है;
जो तरल है, मृदुल है, सजल है यहाँ,
वह इसी पीर का ही मधुर व्याज है!
पीर रोने लगे लोरियाँ दो उसे,

पीर सोने लगे तो जगाते चलो!
एक सागर किसी के लिए कम यहाँ,
एक कण के लिए और तरसा करें;
सूखते जन-सरोवर बिलखते रहें,
सिन्धुओं में महा मेघ बरसा करें;
यह 'दुनाली' प्रणाली चलेगी नहीं,
इसलिए धार को सम बहाते चलो!
यन्त्र-सा है न मानव कभी भी रहा,
यन्त्र-सा फिर न मानव रहेगा कभी;
वज्र बनकर घहराता अगर आज तो
फूल बनकर कहानी कहेगा कभी!
प्रीति के अर्चना-स्वर उठाते चलो,
रूप की चाँदनी में नहाते चलो!

**(राख और पाटल)**

# तुम कस्तूरी केश न खोलो

तुम कस्तूरी केश न खोलो, सारी रात महक जाएगी!
तम से यों मत ढको जुन्हाई, तारों की यह पाँत न मेटो,
उठा किरण की अँगुलियों को, मत यों सारी रात समेटो!
तुम यह अरुणिम डोर न डालो, तम में उषा चहक जाएगी!
बादल जाग न जाए, मत इतना मल्हारी रूप सजाओ;
रह-रह ओ अल्हड़ पुरवाई! मत अपने कंगन खनकाओ!
कच में इन्द्र-धनुष मत बाँधो, फिर दामिनी लहक जाएगी!
अपना कोई भेद न कहना, किन्तु पराये का ले लेना!
यह दर्पण सब दिन का छलिया, इसे रूप का भेद न देना!!
आँखों में आँजन मत आँजो, मन की नींद बहक जाएगी!
मन झुरमुट में छिपा अहेरी, वय के बन्धन खोल रहा है;
बार-बार उड़-उड़ जाने को पंछी पाँखें तोल रहा है!
अँगड़ाई के अगरु समेटो, सोई पीर दहक जाएगी!
आत्मा के ही द्वार नयन से, दृष्टि-संदेशे मुड़ आते हैं,
अन्तर से अन्तर तक आकर, दो पथ जैसे, जुड़ जाते हैं।
चितवन के यों फूल न छींटो, फिर चाँदनी डहक जाएगी!

(राख और पाटल)

# मैं तुम्हारी चाँदनी पीता रहूँगा

मैं तुम्हारी चाँदनी पीता रहूँगा,
चाँद मेरे, आज दृग खोलो न खोलो!
भावना में ज्वार खिलते ही रहेंगे,
बिम्ब के प्रतिबिम्ब मिलते ही रहेंगे!
आज सारी रात मैं सागर रहूँगा,
चितवनी पीयूष तुम घोलो न घोलो!
पाँखुरी से आज मेरी पीर मधुतर!
शब्द से भी आज का यह मौन मुदुतर!
मैं तुम्हारे मौन से बातें करूँगा,
आज सारी रात तुम बोलो न बोलो!
प्यार अन्तर की तृषा का सन्तुलन है,
प्यार आत्मा के स्वरों का अनुरणन हैं;
मैं तुम्हारी प्यास पर तुलता रहूँगा,
आज मेरी प्यास तुम तोलो न तोलो!
खिल गया है फूल दुखती पाँसुरी में,
एक नूतन स्वर घुला है बांसुरी में!
यह तुम्हारा संग मैं गीतों जिऊँगा,
आज मेरे संग तुम होलो न हो लो!

(राख और पाटल)

# ओ रंगरली, ओ स्वप्न-लली

ओ रंगरली, ओ स्वप्न-लली, ओ नन्दन की मन्दार-कली,
तुम गमको सारी आयु, रूप की मँहकी हुई जवानी में;
मैं गीत रचूँ अगवानी में!!
जग कहता है—तुम्हें निहारा, मैंने पाप किया,
मैं कहता-बस, उतने ही पल मेरा पुण्य जिया;
छू पारस-तन, आँसू कंचन, पा रूप-सुमन, पतझर मधुवन;
सब चन्दन-चन्दन हो जाए इस बन्दन-भरी कहानी में!
मैं गीत रचूँ अगवानी में!!
धीरे-धीरे अवगुंठन से मुख-शशि है खिलता,
पखवारे का चन्द्र एक ही पल में है मिलता;
ओ चन्द्र-वदन, चन्द्रिम चितवन, शशिजली अधर, नीलमी नयन;
अपना मन-मानस निर्मल तो सौ चन्द्र नहाएँ पानी में!
मैं गीत रचूँ अगवानी में!!
नयन उड़ाने लगते हैं जब काजल की पाती,
और भुजाओं पर अलकों की घटा उतर आती;
रिमझिम पायल, रसमस अंचल, साँसों की पुरवैया चंचल;
बरखा को नव-नव रूप मिले जैसे चूनरिया धानी में!
मैं गीत रचूँ अगवानी में!!
जीने की संज्ञा ही जीवन जीवन यौवन-धन;
यौवन की निर्मल गंगा में सब पालन-पावन!
यह शाप-ताप, यह पुण्य-पाप, अपने मन का ही एक माप;
सर्जन का ही वरदान मिला है, यौवन की मनमानी में!
मैं गीत रचूँ अगवानी में!!
अपने जीवन के शूलों का ध्यान न हो मुझको,
साँझ-प्रात का, दिवस-रात का भान न हो मुझको!

तुम प्रीति बनो, तुम रीति बनो, मैं गीत रचूँ-तुम गीति बनो,
युग-युग का सारा पुण्य खिले-कुछ जानी-कुछ अनजानी में!
मैं गीत रचूँ अगवानी में!!

**(रूप-गन्धा : गीत गंगा)**

# संकल्प-गीत

अपना संकल्प टँका काल के कगार पर!
एक दिया अँजली में, एक दिया धार पर!!

धुन्ध-धूप तड़पाये-
प्यासा पन्थी, आये!
एक कलश आँगन में, एक कलश द्वार पर!
एक दिया अँजली में, एक दिया धार पर!!

फूल लगे हर सपना;
हर अनुभव फल अपना।
एक सपन थाले में, एक सपन द्वार पर!
एक दिया अँजली में, एक दिया द्वार पर!!

जो भी पाएँ, गाएँ;
जन-मन में लहराएँ।
एक गीत आँसू पर, एक गीत प्यार पर!
एक दिया अँजुली में, एक दिया द्वार पर!!

खारा जल-सिन्धु पिए;
इन्द्रधनुष संग लिए—
एक मेघ पलकों में, एक हो मल्हार पर!
एक दिया अँजली में, एक दिया धार पर!!

पाँव जहाँ अंकित हो;
एक चित्र टंकित हो।
एक चरण पाटल पर, एक हो पठार पर!
एक दिया अँजली में, एक दिया धार पर!!

**(एक पत्र पुरवा के नाम)**

# सत्यवती-मिलन सर्ग

(कृष्ण-द्वैपायन)

यमुना-जल की लहरें ललकीं,
कर से पतवार जो झूल गयी।
कोई मंगला है या शकुन्तला है,
दुष्यन्त-कला जिसे भूल गयी॥
लिए नाव चली लली अद्रिका की,
इस कूल से है, उस कूल गयी।
मुनि को लगा, जैसे कोई तितली
इस फूल से है, उस फूल गयी॥

उठी नाव, उठा मुनि का मन भी,
गिरी तो मुनि के मन पीर हुइ।
लगता, लिए फूल की नाव कोई,
उजली बिजली स-शरीर हुई॥
मन एक ही था, दस-बीस नहीं,
उस एक के ऊपर भीर हुई।
मन आधा लिए मुनि तीर खड़े,
मन आधा लिए वह तीर हुई॥

कुछ देर निहारते नाव रहे,
परी तो त्वरा में तरी खेती गयी।
कुछ देर निहारते रेती रहे,
दृग रीते हुए, वह रेती गयी॥
जब आयी तो लाई सुधा-सरसी

गयी तो सरि पीर की देती गयी।
तन केवल ले मुनि मौन खड़े॥

मानो निसर्ग ने खोल दी हो–
अपनी निधि की महिमा भरी पेटी।
है ऋषि-दृष्टि बनी पलना,
कलना-भरी हैं सुषमा जहाँ लेटी॥
देख रहे मुनि विभ्रम में,
चेटक-सा छिटका गयी चेटी।
ले गयी रे मुनि की मति भी
निज नाव के साथ निषाद की बेटी॥

फिर नाव अबार के कूल लगी,
मन को अपना रुचि-धाम मिला।
चिति के लिए चन्द्र-महोत्सव तो–
दृग के लिए दृश्य ललाम मिला॥
पय-सी उन पावनी दृष्टियों से
अभिनन्दन भी अभिराम मिला।
उठतीं तो लगे कि सन्देश मिला,
झुकतीं तो लगे कि प्रणाम मिला॥

जब नाव अवार से पार चली,
यमुना कल-गीतियाँ बाँचती थी।
कभी बीचि-विलास में झूमती तो,
कभी तुंग-तरंग कुलाँचती थी।।
वह दृश्य-अदृश्य के बीच खड़ी,
अपना अस्तित्त्व सवाचती थी।
वह रूप था दृष्टि से दूर भले,
छवि तो पलकों पर नाचती थी!!

भुज-कूल में है छवि-धार कसी,
कचराशि सिवार-सी भा रही है।
कटि-कूल में फूल की झालरी है,

मुख-कंज से भृंग उड़ा रही है॥
हर अंग अनंग के घाट बने,
मन-तीर्थ बनी लहरा रही है।
लगता, युग कोक विशोक किये,
नदी-ऊपर से नदी जा रही हैं।

साध्य ही साधन से मिला आप
कि साध्य से आप मिला कोई साधन।
रूप का प्रीति में, प्रीति का रूप में,
एक अनूप का हुआ अनुवादन॥
वेद का लोक से, लोक का वेद से,
कैसा अपूर्व हुआ प्रतिपादन॥
कन्ध से काँप गिरा परिधान,
कि आँचल से मिला है अभिवादन॥

जूट से छूट पड़ी लट एक,
गोराई में श्यामता फेट रही है।
रंग-सिंगार में या उमड़ी कोई—
साँझ प्रभात को भेट रही है॥
देख रहे, मुनि अंगुलि में निज—
केश का जादू लपेट रही है!
कौन अकेली खड़ी यह रश्मि—
जौ रैन की डोर समेट रही है!!

एड़ियों से निचुड़ी पड़े लालिमा,
घायल-से लगे चैत के पाटल।
पूनम-सी पहने हैं कलाइयाँ
पागल-सा लगे है यमुना-जल॥
दीप कपूर के छींटते-से नख,
मूँठ गुलाल की फेंकता आँचल।
केश-कला कि कलिन्दजा-कूल में,
फूल रहे हैं अषाढ़ के बादल॥

मुनि देखते हैं—कोई स्वप्न-ढली,
युग कंज-कली लिए क्रोड़ गयी।
कोई मीन की मादक गन्ध-गली,
मन को मधुमास से जोड़ गयी॥
कल ओठ की हास-मुधा के लिए,
अपनी हर रश्मि निचोड़ गयी
कोई पूनम आयी थी, लौट गयी,
कलशा-भर चाँदनी छोड़ गयी!!

कभी याग लगे, कभी फाग लगे,
कभी आग लगे, कभी पानी हुई है।
कवि-कर्म से ज्यों अनुभूति जुड़ी,
नयी सर्जना की अगवानी हुई है॥
देख रहे मुनि विस्मय में,
विधि से भी बड़ी मनमानी हुई है।
किसी पंकजा की पँखुरी से झरी,
कोई ओस की बूँद सयानी हुई है॥

पग हैं कहते कि समीप चलो,
मग हैं कहता कि सरेखा करो।
श्रुति है कहती, कुछ शब्द सुनो,
कहे नासिका, गन्ध ही लेखा करो॥
मुनि-सत्तम बात सुने किसकी,
कहती त्वचा, स्पर्श परेखा करो।
रसना कहती—रस-बातें करों,
दृग हैं कहते—बस देखा करो!!

लगे चैत की पूनमी चाँदनी तोड़के—
रूप के खेत में बोयी गयी।
फिर छींटी गयी सुषमा की छटा,
मधुमास के गन्ध भिगोयी गयी॥
तरुणाइयों की दखिनाइयों में,
खिली, प्रीति के हाथ सँजोयी गयी।

तप-सूत्र में पुण्य की सूचियों से,
यह देह की माला पिरोयी गयी॥

सुघराई चलीं अँगड़ाई लिएँ,
अँगड़ाई है होने चली अरुणा।
दृग गंग भरे, शिव अंग धरे,
द्रवमान उमा की खड़ी करुणा।।
श्रुति-कंज है या मणिकर्णिका ले—
हुई भोर में वाराणसी अरुणा।
भ्रुव-चाप में आप कसी है असी,
वरुणी में बसी हुई है वरुणा॥

चाह को राह भी, राह को छाँह भी,
आतप को व्यंजना मिली होती।
आह को बाँह, व्यथा को कथा,
चुप आँसुओं को, वचना मिली होती॥
प्यास को रास, दशा को दिशा,
मनोभावना को रचना मिली होती।
प्रीति को होती कथा कुछ और ही,
जो उर को रसना मिली होती॥

माधुरी हो नवनीत से मीलित,
या मधु में हों, घुली हुई दाखें।
रूप के रंग के मौन मरन्द में,
डूबी हुई थीं तपी मन पाँखें।।
आँख का जूठन पी रहे थे उर,
हूक उठीं शतभाव की शाखें।
भीतर थे शिर पीट रहे उर,
क्यों न मिली विधि से हमें आँखें॥

मन में लगे चंचलता जगती,
तन में चुप का पहरा कड़ा हो।
विधि की यह कैसी विचित्र कला,

जहाँ रंग से रेखन ही बड़ा हो॥
मुख-इन्दु तले, सहमा-सहमा,
तिल एक कोई तम-सा अड़ा हो।
लगता, हर ओर हो पुण्य खिला,
वहीं पाप कहीं दुबका पड़ा हो॥

किसी बेसुध फूले कदम्ब के पास,
असाढ़ी छटा-सी सिंगार करे।
कभी लाज की पायल-सी चुप तो,
कभी रोम से रंग-फुहार करे॥
दिपती रही जो तम में इकली,
अब यों लय की मनुहार करे।
मधु-रैन की कोई सलोनी शिखा,
भिनसार को जैसे जुहार करे॥

लगे अन्तर की वर्षालुता में,
घटा कोई हो पाँख फुलाये हुए।
नये सोच में आकुल-आकुल सी,
पुहमी पर नयन गड़ाये हुए॥
लहराये हुए अलकों की लड़ी,
उर दामिनी-दीप दबाए हुए।
नत-ग्रीव खड़ी हुई हो सुषमा,
तरुणाई का भार उठाये हुए॥

रस-पंखड़ी-सी तिरती तरणी,
जल के मन मीठी मरोर उठी।
अँगड़ाती हुई उस कोर उठी,
इठलाती हुई इस छोर उठी॥
उपचेतना की निधि में सहसा,
अनुरंग की मंगल-डोर उठी।
मुनि की कल-कल्पना-वाहिनी में,
रचना की नवीन हिलोर उठी॥

मन गाँछ की अन्ध तलेटियों में,
कोई सूचना-सी मिलने लगी हो।
ऋतुराज के आगम से पहले,
अँखड़ी-अँखड़ी हिलने लगी हो॥
किसी भूली व्यथा की कपूरी कथा,
पंखड़ी-पंखड़ी खिलने लगी हो।
कोई मीठी छुरी हलके-हलके,
छिलका-छिलका छिलने लगी हो॥

सुर के धनु भीतर थे बनते,
पर बाहर से कोई रंग नहीं।
कोई सागर भीतर से थहरे,
पर ऊपर से कोई भंग नहीं॥
जल-वृत्तियों में परितृप्त घटा,
पर वर्ण का हो अनुषंग नहीं।
अपनी जब झोली टटोली, लगा—
अपना मन ही अब संग नहीं॥

खड़ी सोचती थी, घर से चली तो,
सब अंग थे, था कुछ भंग नहीं।
फिर, कारण कौन बताये-किसी
अंग में वह दैनिक ढंग नहीं॥
अब अंग से अंग हैं रीते लगें,
दिन-कर्म में पूर्व उमंग नहीं।
इस तथ्य का पोषण कौन करें,
कि यहाँ प्रतिभागी अनंग नहीं॥

अलकें 'गमकें', 'लय'-सी पलकें,
छवि 'तान'-भरे, 'कणों' की कड़ी हो।
अनुभाव नहीं, 'श्रुति-मन्द्रण' हो,
मृदुहास न—'मीड़' की ही लड़ी हो॥
'यति' के 'स्वर', 'ताल' सँचे 'गति' में—
विधि-गायन की महिमा-घड़ी हो।